文靖 著

认知跃迁

文化发展出版社
Cultural Development Press
· 北京 ·

图书在版编目（CIP）数据

认知跃迁 / 文靖著. — 北京 ：文化发展出版社，2025. 1. — ISBN 978-7-5142-4545-5

Ⅰ. F276.3

中国国家版本馆CIP数据核字第2024VX5397号

认知跃迁

文靖 著

责任编辑：孙 烨　　责任校对：岳智勇
责任印制：杨 骏　　封面设计：极宇林
出版发行：文化发展出版社（北京市翠微路 2 号 邮编：100036）
网　　址：www.wenhuafazhan.com
经　　销：全国新华书店
印　　刷：三河市中晟雅豪印务有限公司

开　　本：880mm × 1230mm 1/32
印　　张：7.5
字　　数：138千字
版　　次：2025 年 1 月第 1 版
印　　次：2025 年 1 月第 1 次印刷

定　　价：69.80 元
I S B N：978-7-5142-4545-5

目录

contents

自序

觉醒之旅

第一章

真正厉害的人，都在想方设法“破圈”

第二章

直击本质，看懂人性的底层逻辑

第三章

“逆成长”，做不断进化的人

第四章

所有财富的秘密，都写在人性里

第五章

真正的社交高手，能高效利用人脉

第六章

顶级人生战略，成就顶级事业

本照片由“中国肖像第一人”李曦拍摄

自序

觉醒之旅

这是一个快速变化的时代，充满着未知的挑战和机遇，我们身处其中，就像在汪洋大海中航行的孤舟，摇摇晃晃、无所依傍。我常常在想，如何才能在这片波涛汹涌的海域中乘风破浪、稳健前行？这不仅是我个人的思考，也是我想借助这本书与大家共同探讨的问题。

一直以来，我都有反思和复盘的习惯，大多数时候是想到哪里就记录到哪里，把那些碎片化的经历和感悟记录下来，哪天需要用到的时候可以找到。这些年下来，家里已经有十几本涂涂画画的日记本，还有各式各样随记的手稿。这乍一听是个好习惯，其实不然。虽然思考很多，也记录了很多，但总觉得没有充分内化，使之彻底将自己的思维融为一体。所以一直想抽出时间把这些年的经历做一次深度的总结和复盘。这件事情想了又搁置，搁置了又想，这次终于下定决心，先做了再说。

写这本书的契机，源于我多年在职场和创业的历程中对人性的感悟和深入研究。我曾多次陷入绝境，经历背叛，跌落低谷又绝处逢生，也见证了太多人在追求成功的道路上陷入逆境、迷失方向、束手无策。每每回想也不禁唏嘘感叹一番，索性决定把这些年支撑我走过来的力量和经验写出来，分享给或迷失、或绝境、或失意的每一个不言弃的创业人。

这两年我坚持做线上，每天至少有 10 万人从我的直播间进出，或停留或擦肩，经常会留下这样一句话：我觉得这些方法都很好，可是为什么自己用不出这样的招式？

我之前很喜欢武侠片，最有印象的就是小时候看《倚天屠龙记》，张无忌在光明顶劝和六大门派，当时张无忌现学现卖六大派的功夫，用少林派的龙爪手打败空性大师，现场逆袭。小的时候不以为然，以为这就是小说刻画的主角人物光环，经历过学习的跃迁和实战的积累，我顿悟了，这根本不是神话，而是武侠小说里的大智慧，一个人功力深厚，学东西自然快，不仅快，还能运用到出神入化。我意识到，我们需要的不仅是技能的提升，更重要的是心灵的觉醒和认知的升级。这本书，就是在这样的背景下应运而生的。

本书共分为六个篇章，每个篇章都围绕一个核心主题展开，但是不论如何展开，都躲不开“人性”，旨在帮助读者洞悉人性，在不同领域实现自我觉醒和成长。

第一章，真正厉害的人，都在想方设法“破圈”。探讨了如何克服内心的恐惧和从众心理，打破惯性思维，以及如何通过情绪管理和发现个人优势来实现自我跃迁。

第二章，直击本质，看懂人性的底层逻辑。深入分析了认知、本质、应变等人性的底层逻辑，以及如何运用这些逻辑来优化人际关系和提升社交能力。

第三章，“逆成长”，做不断进化的人。着重讨论了如何在职场和生活中建立有价值的人脉，以及如何通过高情商和有效的协作来实现共赢。

第四章，所有财富的秘密，都写在人性里。分享了如何制定和执行个人战略，以及如何通过正确的心态和长期主义来实现事业的长远发展。

第五章，真正的社交高手，能高效利用人脉。分享了如何在理解人性的基础上，做出更明智的商业决策。

第六章，顶级人生战略，成就顶级事业。主要讨论如何在遭遇背叛、无能为力和低谷期时，实现心灵的觉醒和人生的反弹。

这本书的内容能够帮助读者解决以下问题：

1. 自我认知：帮助读者了解自己的优势和局限，找到适合自己的成长路径。

2. 情绪管理：提供策略和方法，帮助读者控制情绪，做出更理性的决策。

3. 人际关系：分享建立和维护良好人际关系的技巧，提升社交能力。

4. 战略规划：引导读者如何制定个人战略，实现事业和生活的有序发展。

5. 财富管理：揭示财富积累的内在逻辑，帮助读者在商业决策中更加明智。

6. 逆境应对：提供面对挑战和逆境时的心理建设和应对策略。

这本书在写作的时候，就觉得它应该是在时代浪潮中航行的修炼手册，也是突破人生困局的航海图。所以，我希望它能成为每一个在大海里航行的船长的手边书、床头书。这本书每一节的内容篇幅不是很长，都是在删减、打磨之后的精华，你可以一口气读完，也可以读一节稍作思考之后进入下一节，甚至你可以在经历困局的时候拿出来读一读，把它当作一个生命的唤醒手册。总之，我希望能够读到这本书的读者可以反复阅读，我自己每一次读到都会有一种新的启发和感悟。

在这本书的最后，我想对每一位读者表达最诚挚的祝愿。愿你们在阅读这本书的过程中，能够获得启发，找到属于自己的成长之路。愿你们在面对生活的挑战时，能够勇敢地迎接挑战，不断地超越自我。愿你们在追求成功的道路上，始终保持清醒的认知和坚定的信念。最重要的是，愿你们在人生的每一个阶段，都能够享受到成长的喜悦和成就的满足。

让我们一起，开启这场认知觉醒的旅程，探索无限的可能。

文靖

2024.9.22

1

第一章

真正厉害的人，都在想方设法“破圈”

决定你上限的，

并非你的短板，

而是你的优势。

恐惧

80% 的担忧、害怕，不过是你的内心戏

我们都知道，想把事情做成绝不是一件容易的事情，其间，要经历千辛万苦和无数的磨难。

这其中有没有方法可循？一定是有的。

有人说是能力，有人说是技术壁垒，有人说是运气……这些都对。能力、技术、运气、贵人提携、好的合作伙伴，还有难得的机会，这些都是成事的必要条件。但我认为，光有这些，还不够充分。只有充分必要条件同时具备，一个人才可以成事。

如果只选一个因素来说，我认为这个充分条件是敢说敢做、敢想敢干，想要逆天改命的决心。

很多人可能觉得这个因素不够客观、不够有说服力。但试问，每一个取得成绩的人，不都是源自一个念头或一份决心？如果没有敢于做梦的勇气和放手一搏的决心，什么宏图霸业也无法迈出第一步。

很多人之所以身无长处、一无所得，正是产生了这样的畏难情绪，一想到这一路的无数磨难，连开始的勇气都没有。于是，想想还是算了。

畏难情绪，是人类面对未知和挑战时的一种自然反应。它源于对失败的恐惧，对自我能力的怀疑，以及对改变现状的抗拒。

有时候，不是事情难住了我们，而是我们的心，先一步投了降。我们害怕的不是困难本身，而是心中那个放大了无数倍的“假想敌”。

俗话说：“人最大的敌人是自己。”但我想，这句话其实可以换个说法——人最大的阻碍，往往就是自己的恐惧。

这种情绪如果不加以控制，就会成为阻碍我们成长的隐形壁垒。害怕未来一事无成，于是迟迟不敢行动；担心做了以后会失败，宁愿焦虑没有发生的事情。久而久之，不仅什么都做不成，人也会荒废。

不敢行动、裹足不前是我们受困于恐惧最直观的表现，其实我们在做事的过程里，也会产生畏难，这些情绪会无数次干扰和阻止我们去抵达最终的目标。

比如“拖延症”“完美主义”，以及遇事不决的焦躁等“症状”，其实都是畏难情绪带来的不同表现。

为什么我们会这么害怕困难？

一是因为任务很重要。重要意味着后果巨大，成则天堂，败则地狱。想到好的一面会感到兴奋，想到失败的后果会感到恐慌，想得多了，情绪负担就会越来越重。

二是因为任务很陌生。一般都是遇到了新情况新问题，自己没有成功的经验和体验，在方法路径上有迷雾，在能力素质上不托底，在资源保障上有担忧。

三是因为任务很困难。从直觉判断或者别人的反馈中，知道这项任务是个硬骨头，想要完成千难万难，就像前面有无数的大老虎，没有逃跑就已经耗尽了自己的勇气。

我曾看到过一篇科学报道说，人之所以会拖延是因为自己具备潜在的能力去实现目标，但自己又没有十足的把握，在这样的犹疑中，拖延和焦虑就产生了。

要知道，光想没有结果，行动才能破局。那我们该如何克服内心恐惧呢？

第一，敢比会重要。只有躬身入局，才有获胜的可能。

很多的时候，不是你做不到，只是你不敢去做，不敢去尝试，怕自己做得不好。其实只要调整一下自己的心态，让自己勇敢一点，在做的过程中，就是在让自己不断地进步。就像学游泳，如果你怕水，不敢下水，那就永远不会有学会的可能性。

当困难来临，勇于挑战，不逃避，你就会发现，原来天塌了一样的困难，却在开始行动的这一秒，瞬间瓦解。

第二，完成比完美重要，行动本身比正确的行动重要。

当下这个时代，不是大鱼吃小鱼的时代，而是快鱼吃慢鱼的时代。

所以速度就是效率。你必须先上场，然后再调整。在行动的过程中，不断尝试、反馈、修正，就能逐步解决问题。

埃里克·莱斯在《精益创业》中，提出了“最小可用品”的概念，指的是“能满足最基本功能的产品”先发布“最小可用品”，然后不断接受用户反馈，快速迭代，直到打磨成真正符合市场需求的好产品。

与其花时间追求完美，不如快点做，尽早推进工作拿到结果，即便是做得糙一点也可以。**先搞起来，在复盘和迭代中，找到正确的路，这样远比停留在原地不断内耗更有意义。**这一点我在做线上课程的时候就感觉到了，一开始也是在摸索中前进，不是因为有了万全之策才去行动，每天、每周、每个月都在看数据复盘，踩了无数坑，避开了雷区，才一步步有了线上曝光量。

记住，凡事先搞起来，能解决 80% 的问题。**完成本身，就是通往成功的捷径。**

第三，破釜沉舟的勇气，是破局改命的关键。

我们常说“行百里者半九十”，的确，很多人中途放弃了，没有实现自己的人生目标。

这不是因为他不够聪明，也不是因为他没有天赋，而是他没有拿出决心，没有破釜沉舟的勇气和玩命到底的死磕精神。

业务不好做，怎么办？就是要抱着破釜沉舟的勇气。只有这样，你才可能战胜看起来战胜不了的困难，完成看起来完成不了的任务。

梁启超说："心力涣散，勇者也会胆怯；心力专凝，弱者也会变强。"

的确，在九死一生的关键时刻，心力往往比能力更重要。**你的心力不强，有能力也发挥不出来。而你心力强大，能力稍微弱一点，也是可以成长起来的。**

所以，遇事不决，先干起来再说。凡事想得太多，只会拖累你的人生。与其为未知的风险提心吊胆，不如放下一切平心而动。

思虑一万次，比不上行动一次。让情绪松绑，可能性才会诞生。

从众

做更好的别人，不如做独一无二的自己

不论是环顾左右，还是躬身自省，你会发现，很多人包括我们自己，每天都在羡慕别人，拼了命地想要成为别人。

为什么别人比自己成绩好，为什么别人比自己更优秀？看到别人的成绩，自己会莫名感到焦虑，从而把对方当成“假想敌”，想要模仿，继而超越。

一个很扎心的事实是，当你动了成为别人、超过别人的念头，你就已经输了。

人这一生，只能做自己，无法成为别人，当你走在模仿别人这条赛道上时，你就已经落后于人了。**对方始终在前进，你也始终不遗余力在追赶，但这种追赶本身就是一种落后。**

因为我们每个人，可以不擅长做任何事，但有一件事我们一定是最擅长的，那就是“做自己”。在“做自己”这条赛道上，只有我自己可以一骑绝尘，将别人远远甩在身后。

所以，做自己就好，因为“别人”已经有人在做了。

这个世界上，每个人都是不同的，无关好坏，无关对错。只是大家的频率不同，产生了不同的磁场，呈现了不同的状态，做出了不同的选择。

一个有格局的人，能透过事物的表面看到本质，懂得理解和尊重他人的不同。**所以要允许别人做别人，也要允许自己做自己。懂得理解人与人之间的差异，既不执着改变别人，也不违心改变自己，这就是一个人顶级的人生智慧。**

学习和模仿别人，从实际层面讲，也存在着巨大的问题，从长远看来，并不有利于一个人自我的发展。因为在这种认知下，所做出的行为就是：不断补短板，却对自己的特点与优势视而不见。

在乔布斯离世前，他任命蒂姆·库克做自己的接班人，掌管苹果公司，然而遭到了公司内外的一致反对。他们认为库克在苹果长期负责的是琐碎繁杂的供应链和运营管理，一直居于幕后，从未出现在任何产品视频中，也毫无公众知名度，作为一个卓越企业的 CEO 还差得远。

更重要的是，大家认为他缺乏创意，缺乏远见卓识，也缺乏那种雷厉风行、杀伐决断的气场，毫无领袖气质。这与乔布斯的风格天差地别，怎么可能成为乔布斯的接班人呢？

果然，在乔布斯去世后的 2012 年 3 月，库克主持了 iPad3 的新品发布会，他的表现可以用糟糕来形容。在台上极度不自然，眉头紧锁，毫无兴奋感。如果把他的表现与富有人格魅力的乔布斯相比，实在是一个天上一个地下，这一次的失败进一步加重了大家对他的质疑。

那么最后，库克究竟是怎样转危为安的？他的策略就是：扬长避短，把自己擅长的做到最好。

他没有为了成为乔布斯而从演讲口才方面训练自己，相反，他继续发扬自己在供应链管理和公司运营方面的优势，让公司的运转更加流畅、稳固，有效能。

至于产品，有首席设计师乔纳森带领的产品团队，还有乔布斯的遗产。只要推出一款足够强大、足够吸引人的拳头产品，再加上生产、销售、配送等方方面面的良好配合，就足以重新振作苹果公司的市场形象。

没有更好的乔布斯，只有把自己发挥到极致的、最好的蒂姆·库克。如果非要做第二个乔布斯，我想等待库克的最终只有失败。

所以，只有做自己，才能将独特价值传输出外界，然后得到相对的回应。把自己作为方法，就是成就自己的第一要义。

尤其在当下，我们已经进入了一个“存量时代”。在各行各业都在疯狂内卷的今天，要想逃离这种内卷，不是成为卷王，而是让自己变得稀缺。强化自己的核心能力，就是在打造自己的核心竞争力和价值稀缺性。

掌握稀缺资源或者拥有稀缺能力的人，才会有更多选择权。

中国制造有一个微笑曲线，设计的人挣钱，制造不挣钱，最后营销环节又挣钱。背后的逻辑，其实是因为制造业不稀缺，因为我们的制造业更多是依靠人力，人工成本比较便宜，所以制造业处于微笑曲线的底部。

所以，你要想获得一个比较滋润的生态位，想活得比较滋润，最关键的是成为产业里面最稀缺的一个人。一个产业链里最挣钱的，一定是最稀缺的那个人。

因为掌握了稀缺资源，就意味着掌握了定价权。掌握了定价权，就掌握了商业的核心价值。在人性中，我们总想有更多的掌控权，而当你成为唯一的时候，就可以避免陷入内卷。

那么我们该如何提升自己的稀缺性呢？就拿学习这件事来说，2010 年我初入社会，那时候别说稀缺性了，和市场上同起点的人比较，我属于很普通的那种。但是年轻的时候心里有一种勇气，基础不行，我就拼命学，花了两年时间各种报课各种学习，从销售到演讲，从识人到管理，从成功学到修行……赚到钱了不买车、不买房，连个像样的包都没有，把几乎所有的钱和精力都投入学习中。就这样，我两年时间学了其他人 10 年都学不完的内容。那个时候我没觉得自己有什么了不起，现在回想起来，就是因为这种想要进化、跃迁的思维，才有了我今天研究人性的习惯，最后自成一套，有了“人性营销”的知识系统。

我认为，想要具备稀缺性，别无他法，要么具备少数人才会的技能，要么提高你的生产力。在这里，我再给你开出三张“药方”。

1. 转变思维方式

在职场上，大多数人都是打工心态。打工者心态，就是只要把工作完成就好了，老板让我怎么干，我就怎么办，从不思考如何高质量地完成工作。

但如果你是这样的工作态度，等很多年过去，才发现只有工龄的增长，没有能力的提升，很容易就被取代。这时候又自怨自艾，从外部找原因，认为是自己的命不好。

因此，要改变你的思维方式，成为少数人。

从打工心态转变为老板心态，把工作当成事业，你就会深度思考，也会有开放的心态，不断学习新的技能，创造增值空间。

2. 敢于承担责任

转变思维后，有了意愿，还要敢于承担责任。

我这一路遇见过很多人，也跟很多人合作过。但我最喜欢的人是有责任心，敢于承担，敢自我挑战的人。比如遇到不擅长的事，从来不说我不行，我不去，而是说：“我可以试试。”那我就会对这样的人刮目相看。

“我可以学，我可以试试”的背后，恰恰透露着一个人的格局和认知。他愿意不断突破自己的极限，尝试自己不擅长的事。遇到问题，不是躲，不是说我不行，而是能主动承担责任，敢于突破自己的舒适圈，渴望突破能力的边界。

如果是同等的机会，我更愿意优先考虑这样的人。

3. 有真本事、硬本领

有意愿，愿意承担责任的人，很优秀。但还不够，核心要有能力、有真本事、有硬本领，可以把交给你的每一件事情做好。

《思考，快与慢》中，有这样一句话："所有表现，都会回归平均值。"什么意思呢？

就是你一次表现好，可能是运气，是超常发挥，但下一次就会回归到正常水平。而要想持续性拿到结果，那么就需要不断进步，稳定你的基本盘。所以一个人想要具备稀缺价值，就一定要苦练内功，狠狠打磨自己，修炼自己的硬本领，让自己有真本事。

所以，做自己，就是一个人在这个时代里最大的价值稀缺性。而稀缺的背后，是持之以恒把自己打磨成"稀缺"的精神，和跟自己的死磕。

惯性

想逆天改命，从打破惯性思维开始

工作多年，经历过职场爬坡、创业跃升，接触过形形色色的人之后，我有一个很深刻的体会：凡是能成就一番事业的人，不论起点如何、学历如何，都有一个共同特点，**不走老路，敢于做出改变，最终才能突破原有圈层。**

而那些本身拿了一手好牌，却折腾不出什么水花的人，大都败给了自己的定式思维。不肯创新、一味守旧，只能被同行和时代抛弃。

之前有学员问我："文靖老师，你总讲'怎么做、持续做'会有好结果，那有没有什么事情只要规避不去做，就能收获好的结果呢？"我想了想，其实就是 6 个字，只要你在职场和社交中，避免说"不可能"和"我知道"这 6 个字，那你的人缘儿和做事方向就不会出大的差错。这 6 个字在我看来就是以自我为中心的定式思维的典型，任何想要真心给你提建议的人，听到这 6 个字，基本上都会闭嘴。我也把这 6 个字称为“斩贵人 6 字绝”。

如果你有下面几种倾向，或者你的领导目前是这样的状态，就要反思或当心了。

一、躺在过去的功劳簿上，不拥抱变化

特别不喜欢改变，即便早已觉察到老路已经行不通，也依然打算一条道走到黑。非常在乎自己的面子，别人不能指出自己的问题，还常常显摆过去成功的经验。

要知道，这个世界上唯一不变的就是变化。环境变了，行业变了，商业逻辑变了，如果我们沉湎于过去的功劳簿，没有跟随变化而变化，那么势必难以复制过去的成功。

在工作中，我们经常会陷入“惯性思维”的陷阱，用过去的习惯、经验和方法，去解决新的问题。但是，我想告诉你，如果想要有大的成就，就一定要警惕你的惯性思维。惯性思维，才是你最大的敌人。

二、习惯否定，只相信自己认为对的

“我习惯做线下，在线上的新业务肯定干不了！”

“业绩目标完不成，一定是人的能力不行。”

生活中，我们经常会遇到两种人：一种是面对别人的建议，下意识地反驳，认为自己是对的；另一种则虚心接受，筛选出对自己有用的信息。**前者是红灯思维，封闭型心态；后者则是绿灯思维，用开放型心态接纳不同。**

那些习惯于否定的人，会让大脑停止思考，只在熟悉的圈层里打转，无法突破现有圈层。

三、鸵鸟心态，没勇气做选择，只想随大溜

人是社会的动物，很多人的心智很容易随着外界的看法而波动。受他人言论的影响，常常会把一些工作、身份看得无比重要，但那未必是自己内心真正想要和需要的东西。而害怕承担风险，从而随大溜，也是一种常见的“鸵鸟心态”，以为把头埋进沙土里，听不到看不到外面的变化，风险就会自动消失，很多来不及转型、被社会淘汰掉的企业，他们的掌舵者，往往也是栽在了惯性思维上。

如何突破惯性思维呢？我分享几点我的经验。

1. 反直觉，对抗思维的惰性

固有的东西确实很难打破，历史的无数次更迭都说明了这一点。**但正所谓“不破不立”，要想突破自己，首先要警惕直觉，因为复杂的事情，真相往往是反直觉的。**

想要看清事物的本质，就不能凭借直觉判断，而是用逻辑去思考，表象之下的真相究竟是什么。有时候身处局中，是很难发现异常状况的，即便意识到有问题，惯性思维也会让大脑主动忽略异常。**而能够剥开迷雾、随势而变的人，都是真正的高手。**

著名商业咨询顾问刘润说过这样一句话：“平庸的人改变结果，优秀的人改变原因，而最高级的人改变思维。”常常打破自己思维、能跳出局势看清形势的人，才能成为吃到螃蟹

的人。

2. 保持空杯心态，杜绝路径依赖

一个人想要保持进步，最重要的是有一颗开放、拥抱变化的心，否则就只能在自己的惯性思维里一遍遍地重复转圈，注定无法向上攀登，无法取得大的成就。

有句话叫作"熟悉产生轻视"。太依赖过去的知识和经验，就会不自觉地排斥一些新的观点和想法。所以，我们一定要解放思想，不要觉得自己永远是对的，自己的方法永不过时。我们人类之所以能不断创新，来自这一代人对上一代人的反叛，各行各业都是如此，**所以做事前，先把脑袋清空，把自己想象成一个容器，广泛采纳经验，才有可能走出一条新路来。**

桥水基金创始人瑞·达利欧在《原则》这本书里分享到：绝不能允许"想要自己正确"的需求压倒"找出真相"的需求。**做事的时候，永远带着寻找本质和真相的目标，就不会被自己的傲慢和轻蔑蒙蔽双眼。**

3. 从结果到方法，倒过来思考问题

惯性思维常常会导致我们只会从一个方向看问题，从而解答问题的思路也就被局限了。

所以在实际工作中，我们要多去留意那些不起眼的人和事，把司空见惯的事物、观点反过来思考。尝试从一个全新的视角，进行创新和突破，从而才有可能破局。

之前我听过一个很有趣的关于“逆向思维”的故事。话说有一个阿拉伯富商，他临终前，需要决定把家产传给哪一个儿子。于是他给两个儿子出了一道题，说：“你看这里是起点，那里是终点，你们俩骑马比赛，谁的马更慢地到达终点，我就把家产传给谁。”

骑马通常都是比谁快啊，比慢，这可怎么比啊？结果很可能就是两个人都赖在原地不动，那用逆向思维怎么解决这个问题呢？

其实想赢这个比赛，既可以让我的马更慢，也可以反过来想，让对方的马更快。所以，必赢的方法很简单，就是趁对方不注意，抢过对方的马，快马加鞭跑到终点。你看，我没有违反规则，我的马确实是更慢了。

这个故事告诉我们，**当你遇到难解的题时，不妨反过来用逆向思维想想看，没准就能找到新的出路。**不循规蹈矩的人，都是以结果作为初始目标的。

在这个充满变化的年代，我们前行的时候一定要谨记：万事可变，永远不要用过去的经验审视未来的道路，才有可能抓住下一个机遇。

学习

警惕知识太多变成冗余，“牛人”才能助你跃迁

一、学习，重点不在“学”，在“习”

我们从小到大接受的教育就是知识改变命运，上学埋头苦读刷题，上班后很多人也是书读了一本又一本，但结果仍然是朝九晚五地上下班打卡。

大多数人的痛苦，源于明明知道很多，但现实生活一团糟。这个问题我思考了很久，为什么会这样？直到有一天我明白了，**问题的核心在于我们只是表面上知道，却并未真正理解。**因为学习让我们有一种自我进步的错觉，仿佛自己正在变得更好，视野正在拓宽。但大部分情况下，学习只是让知识在脑海中过了一遍，实际上我们并未真正改变。

阅读了很多有道理的书，收藏很多有道理的文章，甚至觉得自己已经无所不知，却唯独不能俯下身子去行动。这样下去，终有一日会成为“知识”上的巨人，行动上的矮子。

我在很小的时候就对这点深有体会。我母亲是一个普通

的家庭主妇，但我从小就感觉她是充满了生活智慧的哲学家。上学那会儿，我妈就经常问我："当天学的知识学会了吗？"我说学会了，可一到考试，我才发现是学"废"了。拿到考试成绩后，我妈总会说这样一句话："世界上最遥远的距离不是太阳到月亮的距离，而是从知道到做到的距离。"

后来初入社会，开启事业打拼后，我又有了新的体会：一个人想要成功，理论学习、书本经验最多只占20%；关键要素是实战！而实战的诀窍就是和高手学习，让牛人为你领路。

二、如何识别你身边的"牛人"和"贵人"

举个例子，如果你想创业，只埋头苦读《经济学原理》《西方经济学》，或是去进修一个MBA课程，显然是远远不够的。因为理论无法直接转化到实际，这样的学习就没有什么意义。

但如果你去请教一个成就突出的老板，也许他的学历并不光鲜亮丽，但他的指导能让你一下子看透事物的本质，抓住问题的关键，赚到第一桶金，那他就是你的贵人和名师。

所以，筛选"学习对象"的第一条准则是**永远向有成果的人学习，尤其向拿到大成果的人认真学习。因为话语可能会骗人，但结果不会骗人。**

社会化生存是非常残酷的事情，普通人之所以难以逆袭，不是因为身体和智商不及别人，往往是因为在对有成果之人的学习上不够深入。你一定要相信，自己虽然遇到很多难题，但自己并不是世界上第一个遇到这些难题的人，肯定还有一些人很出色地解决了这些难题，并且拿到了很好的成果。

以我自己从业和创业的经验来看，判断一个人是否值得跟随，有这么几点：

有完整的知识体系，并且有过实战经验，不是理论派。

熟悉一套知识体系并不难，难的是将这套体系运用到实战中，然后通过实践不断完善原本的知识体系。从和一个人的专业沟通中和他的过往履历中，基本能判断出这一点。

愿意与年轻人和新人分享与交流，而不是只停留在自己的高地。

有些很厉害的人，他们的个人成就和实力确实不错，但是高高在上，觉得跟年轻人或者新人交流是浪费时间，只愿意跟他们同级或者更上层的人打交道。这种人不值得跟随。

能够指出你的错误，并且愿意花时间帮你分析问题、制定解决方案。

珍惜那些对你直言不讳的人，只有这样，才能毫无保留地暴露你的问题。如果对方能花时间花精力帮你分析问题、提供解决之道，这就是一个值得跟随的人。

真诚。

这是我最看重的一点，不管是跟人还是交朋友。判断一个人是否真诚，看他和你聊天的眼神就知道。藐视、不屑、傲慢的眼神，每个人其实都可以识别出来。只有建立在“将心比心”基础上的合作，才是一种有价值的共创。

三、和“牛人”学什么

针对这个话题，咱们先来分个类。“牛人”其实有两种，一类在你身边，可能是你的领导，也可能是你创业路上结识的伯乐或高人；还有一类我们可能接触不到，比如埃隆·马斯克、任正非……

先说我们能接触到的这类“牛人”。你可能会问，这有什么难的？只要跟着他一起做事，他让我怎么干我就怎么干，不就行了吗？

要知道，跟再牛的人学习，也要有自己的批判性思考。况且，“牛人”都是很忙的，如果你参考下面这套“坐标”，点对点地去学，就能做到事半功倍。同时，保持思考一个问题：**他是用什么来交换得来这些结果的？**

首先，是资源。比如他为某个项目付出了多少时间，花了多少钱？

——你的学习点：项目也分轻重缓急，比如头部的大项目，那就一定要舍得花钱、花精力。客户对方案不满意，就迭代到满意为止；永远去搞定最关键的人，比如你一直都联系不上对方团队的决策人，那是不是可以自己花钱去报对方创始人的课程？总之想尽办法创造见面机会。

其次，是信息。比如他是否通过一些特殊渠道，获取了让项目成功的关键信息？例如，通过与领导沟通，了解了他们关注的要点；通过与同行沟通，了解了其他项目失败的经验。甚至，他从某个咨询顾问处，得到了一些建议。

——你的学习点：要掌握顶层的信息，因为这是决策的逻辑；要掌握同行的信息，这是决策的参考；要掌握专业的信息，这是决策的基础。

再次，是协作。比如他因为是大领导的红人，所以在很多跨部门的协调工作上能更加顺利？在管理团队时，他用了什么激励手段？是简单粗暴的红包，还是一整套机制？为什么其他部门的人会支持他？除了职位权力，是否还有一些非权力影响力？比如他总替他人着想，能带领大家实现共创共赢。

——你的学习点：如何能够让领导和共事的伙伴都信任你。可能是持续的业绩，那是基础；可能是关系，那是基于性格和非正式沟通带来的羁绊。此外，还有共情和利他的意识。

接下来再说说怎么向第二类“牛人”学习，也是我日常中经常实践的方法。

第一点，我从8年前就养成了一个习惯，研究“牛人”语录。我认为语录是“牛人”们实践、思考后总结而成的精华。我会通过这些精辟、智慧的文字去揣摩这个人为什么会有这样的思想，这种思想是如何推动他做出一番成就的。

此外，也可以搜集“牛人”相关的文章、演讲、书籍，但不是光去看就完事儿了，我们普通人在这一步当中，常见的一个误区就是很容易沉迷在资深人士的故事当中。要时刻记着，我们阅读他们的作品，是为了学习他们人生当中那些关键抉择背后的逻辑、理念、格局。如果把你放在那个位置，你又会做出什么选择？所以**重要的不是你听到、看到了什么故事，而是发现自己和“牛人”之间的差异，学习对方的思维模式。**

第二点，是主动带着问题，去搜寻高人的解题法。很多人之所以学了很多东西，但不产生价值，一个重要的原因就是没有问题意识，学习没有针对性。就像是你在整个渤海湾，撒下了一张巨网，收获肯定是有，但效率肯定很低。倒不如带着问题去找答案，思考“牛人”当初在这个问题上，做出了什么样的选择，你有没有能力学习他。**去有鱼的地方钓鱼，才更高效。**

最后，不论你学到了什么，实践才是检验真理的唯一手段。**去和身边的人分享，听听他们的反馈；去实践，对了就复制成功，不对就复盘改进。**

当然也别忘了，时刻保持开放，可能外界对你的学习对象有各种褒贬，但不妨碍他身上有闪光点值得你学习。在行动中，先模仿、再创新，你就有实现超越的那一天！

情绪

真正厉害的人，早已戒掉了情绪

一、胆怯，让你无法破局

我从工厂车间到入行销售，从销售新人到销售冠军，从销售一线到商业导师，一步步走来，有一个很大的观察和感触，就是人生唯一可以肯定的失败和最大的悲哀，莫过于从不敢冒险。

因为不敢，你错过了漫漫人生中独一无二的风景和体验；因为不敢，你失去了翻盘重来的机会；因为不敢，你连失败的机会都没有。

毫无疑问，胆怯，是我们人生和事业路上的关键障碍。很多人害怕抛头露面，害怕出丑丢人，害怕成为重要人物，害怕承担责任，实际上就是害怕成功，你害怕成功，怎么可能成功？

分享给大家两个突破内心胆怯的方法，亲测有效。

第一点，是试着从小事开始。 不论你是职场新人，还是正在开启创业新赛道的“老鸟”，都会面临很多新领域的畏难时刻，这个时候怎么办？千万不要把你面前的困难想象成一座无法攻克的大山，先试着从小事开始，让自己去做决策、下决定，而不是做那个对别人言听计从的人。通过一件件小事，积累起对自己的信心和认可。

拿写作这件事来说，我最初的写作能力相对来说是比较差的，也没有记录文字的习惯。直到七八年前我开始讲课，课后有学员追着我问，说我之前某次分享的一个观点讲得特别好，能不能再说一遍，我却发现离开了当初的语境，无法做到100% 复述还原了。

也就是从那时起，我逼着自己开始做复盘，做文字性的记录，从一开始的一小段话到后来可以完整写几千字的内容，经过慢慢累积，最终有了今天的这本书。七年过去了，虽然我的写作水平算不上惊艳，但读起来多少能让人有心领神会的感觉。

第二点，伪装的时间久了，就能变成真的。其实你眼中80% 的困难，不过是你心中恐惧的幻影。只要去做，就会发现困难并不真的存在。那怎么能说服自己内心“害怕的小孩”开始行动呢？就是通过“装”。模仿一下你见过的那些厉害的人，如果他们处在你当下的处境中，会如何选择和行动？相信自己并不差，你只是欠缺一个行动的契机而已，只要开始去做，就已经成功了一半！

关于伪装这件事，我的经验是“扛过三秒”。记得有次和一位客户谈判，我报价后，他反馈，价格太高，低一点的话他当天就定下来。当时我脑海中的念头就是，装一下高冷。于是我说，已经是最低价了。说完后，我没有再做进一步解释。当时感觉周围的空气都凝固了，而我心里也是七上八下，可表面仍不动声色，当时的想法就是豁出去了。神奇的是，三秒过后，对方的态度竟然软了很多，并说，那就直接定下来吧。也是通过这一次伪装得到的正反馈，让我对钻研人性的弱点和人性博弈的营销方向埋下了一个种子。

还有一种胆怯，是不敢拒绝和得罪人，总是一味地迁就别人。

如果你是这样的讨好型人格，首先要突破一个认知方面的误区——认为只要自己能在职场上左右逢源，关键时刻就会有人“拉你一把”。如果你有这种想法，我劝你趁早清醒，因为高手只看实力和结果，你的讨好拉拢，在别人眼里就是溜须拍马、阿谀奉承。强者身边都不乏趋炎附势之人，而**只有真正有实力的人，才会让他心生敬畏从而赢得真正的尊重。**

所以冲突并不完全是坏事，勇敢直面冲突，表达自己真实的想法，反而能疏解矛盾，赢得他人的尊重和青睐。

二、愤怒，让你决策失误

为人处世中，还有一种常见的负面情绪，就是愤怒。冲动是魔鬼，一个总是被愤怒左右的人，就会变得失去心智，不仅伤人，也会害己。

面对愤怒最好的方式是什么？不是压抑，也不是爆发，而是先理解愤怒因何而来。

有些愤怒，我们找不到原因，也无法改变结果。比如手机屏幕一不小心被摔坏了，或是加班很晚到家，结果车位被别人占了，也联系不上车主。通常这种时候，我们懊恼、生气都很正常，这种类型的愤怒，发泄出来就好。在心里骂几句，或是找朋友吐个槽，转移一下注意力，之后就不要再放在心上，**别让无法改变的事情，消耗你过多的情绪。**

如果是工作中、人际交往中产生的愤怒，我们就要找另外化解的办法。

有一个非常好用的方式是让大脑先冷静 12 秒。当你感到怒火中烧时，告诉自己：发脾气无济于事。试着深呼吸，或者先离开现场，进行短暂的散步。心理学上的“十二秒效应”告诉我们，人被某事激怒的时间通常不会超过 12 秒。先利用这段时间冷静下来，避免冲动行为。

冷静过后，我们要试着找出愤怒背后的那个刺激源是什么，如果源头是出在事儿上，通常静下心来，厘清思路，是比较好解决的。

如果源头产生于和人沟通过程中发生了矛盾或争吵，这时候也有三个步骤可以去解决：一是想清楚对方需求和你的需求背道而驰的点在哪里；二是你要和对方表达自己的感受，你现在感到很生气或者有些泄气，是由于你们的沟通出了问题；三是重新和对方回到谈判桌前，沟通清楚你们双方的需求是什么，怎样才能实现相互的满足和共赢，也就是重新明确双方的需求。

这样处理过后，你可能会发现，其实**愤怒也好，冲突也罢，只要你能够冷静、正面地去化解，反而能够促进你和他人的关系，也能很好地助力你正在做的事情。**

学会让愤怒流动，才会发挥愤怒积极的作用，更加有效地解决危机和保护自己。

三、内耗，让你无法行动

我们现在很多人最容易陷入的，倒不是那种大起大落的情绪，而常常是一种让人感到很窒息、很无力的情绪，也就是内耗。

导致内耗的原因，无非两种：太在意他人的评判，让别人的声音占领了自己的心智；或者做事犹豫不决，凭空在脑海里给自己设置了很多困难，让自己变得动弹不得。

我之前看过谷爱凌的一次采访，问她如何看待网络上的一些负面评价。她回答道：**“你们可以评价，但我不参与你们。”**

成就如谷爱凌，都免不了遭受他人的不满和恶意揣测，我们普通人，更逃不开身边人的指指点点。怎么办？最好的方式就是像谷爱凌一样，修炼对外界的屏蔽能力，更不要花时间去揣测别人的想法和动机，因为别人怎么想，真的不重要。

把注意力收回到自己身上，把自己的感受放在第一位，弄清楚自己的真实需求。下一次，当你再因为别人的评价或想法陷入内耗时，**记得在心里多问自己几遍：关你什么事，关我什么事。**

对于那种内心戏很多，却迟迟无法开展行动而带来的内耗，其实归根结底，是自己身体和精神的能量都太弱了。对此，我也有两个好办法分享给大家。

一是保持运动。我常年都保持着运动的习惯，也会激励团队的小伙伴们多多投入运动。为什么？运动不仅能强身健体，还有为内心注入能量的神奇效应。比如说我，特别喜欢跑步，跑着跑着，大脑就会变得清晰，心灵也会得到放松和净化，当即就会迸发出一股力量，很多之前没有动力去做的事情，瞬间好像就有能量马上去行动了。

二是加入圈子。一个人单打独斗，免不了会因为外界变化的干扰而感到焦虑，很容易变得止步不前，这时候如果你有一个伙伴圈，不论是步调一致的同事，还是共同创业的搭档，一起分析一下当前处境中的困难，相互打个气加个油，都能让你很快走出内耗，重新长出做事的勇气。

最后，**根治焦虑的办法只有一个：想到就去做。**只有行动，才能让你卸掉胡思乱想和精神负担。对于想做的事情，立即行动，不要犹豫。

就像冯唐说的那样：**“把事儿办利落，内心够混蛋。”**我们就有更多的时间去看月、看花！

优势

找到自己的优势，就是你安身立命的本事

我们都知道那个著名的“木桶理论”，也称“短板理论”：一只木桶能装多少水，取决于它最短的那块板子，而不是最长的那块。

换句话说，一个人能力的大小，取决于自身的弱点，而不是长处。

在这一理论的指引下，很多人忙于弥补自己的“短板”，追求完美，但结果往往背道而驰。

因为一个人的精力是有限的，如果你一直关注自己的短板，很有可能就会浪费了长板，也就是浪费了更容易让你脱颖而出的优势领域。

美国内布拉斯加大学曾经针对阅读速度做了一项研究，他们召集了超过 1000 名大学生，通过初始阅读速度分为两组，阅读速度慢的同学每分钟能够阅读 90 个词，而阅读速度快的同学每分钟能够阅读 350 个词。

在经过了几年的各种训练之后，再一次给两组同学做了测试。阅读速度慢的同学从原来每分钟阅读 90 个词提升到了 150 个词，阅读速度快的同学从原来每分钟阅读 350 个词提升到每分钟阅读 2900 个词。

当结果出来以后，研究人员也震惊了，但这就是事实。这个实验告诉我们，一个人最大的成长空间，就是你最强的优势领域。如果我们能把优势放大 10 倍，就能把业绩成果放大 10 倍，这就撬动了优势杠杆。

所以，通往成功的关键，不是去弥补和规避弱点，而是将自己的优势最大化。

在事业上、在职场中，更是如此。不管是在各自的赛道上，还是在一个团队里，作为个人要发挥自己的优势，发展自己的长板，长板越长，个人价值越大。

因为团队就像那个木桶，它要盛更多的水，就要构成木桶的每个木板都要长，这就是组织的力量。**组织可以做到单个人无法做到的事情，用人所长，尽可能发挥每个人的长处，就足以构建强大的团队。而在一个团队之中，你的长板，也恰恰补足了队友的短板，别人的长板也补足了你的短板。**

个人就像木桶的木板，如果没有自己的长处，就会被弃用，就没有发挥自己能力的空间。如果你长板够长，那些无关紧要的瑕疵，也不能影响你一分一毫，会有别人帮你完成，这既是企业分工协作的基础，也是社会化分工的进步。

同理，搞业绩、做事业，也是一样，要专注于提升自身的核心竞争力，专注自己的赛道。

所以，能决定你上限的，并非你的短板，而是你的优势。弥补短板可以防止失败，发挥优势才能通向成功。

知名战略营销专家小马宋老师说：战略的本质，就是扬长避短。把自己优势发挥到极致，才是人生最佳策略。在这样一个快节奏的时代，要想脱颖而出，一定要找到我们的优势赛道。**因为弥补短板的投入一定是远远大于发挥优势的投入，如果同样的力度投入在发挥优势上，成果一定更加显著。**

刚开始做线上课程和直播的时候，我特别纠结，找不到自己专属的赛道和方向。后来，我把自己关在家里三个月，在这三个月里，我不断复盘，过去所有的经历，有哪些是我能做好的，并且在做的时候，能体验到满足感和喜悦感的。后来我发现，不论是我看书读到有关人性、兵法和心理学的内容，还是我在和他人交流行业经验时，总是对谈判博弈等内容更有心得体会。经过反复自我追问，我把自己的优势核心定位在“人性营销”的内容领域。

我后来的实践经验也验证了，不必执着于追求那些不擅长的领域，明确自己的优势和天赋，人生就仿佛通电了一般，能够开挂。

那么，什么是优势？

我们常常提到天赋，认为一个人有某项出挑的专属才能是属于他本人的某种天赋，却极少有人提到优势。

优势与天赋其实有很大的差别。天赋是你自然而然、反复出现的思维模式、感受与行为方式。你虽在反复运用自己的天赋，但这并不能代表你就能把它们用得对、用得好。

优势，则不同。

优势说的是你能够反复地、成功地、愉快地做成事情、达成目标的能力，它是建立在天赋的基础上，经过刻意发展形成的。

所以，优势＝天赋＋持续投入。天赋是你热爱且擅长的事情，而投入意味着资源和时间。

我们每个人的身体里都有老天埋藏的一个礼盒，这个就是我们每个人的天赋，它一直在等着你去打开，那么我们该如何找到自己的天赋？我觉得有以下几个线索可供大家参考。

第一个线索：一学就会。你一学就会的事情是什么？哪些事情你很快能融会贯通？

第二个线索：如鱼得水。想一下你从小到大的过程中，做什么东西比别人做得快，做得好，也就是别人要花很多时间、很多精力才能做到的事，而你做起来却很轻松，把它写下来。

第三个线索："心流"体验。大家可以想想自己在做什么时，感觉特别喜欢，不会排斥，甚至没感受到时光的流逝、身心的疲惫，这方面就隐含着我们的优势。这也是很多人常说的“心流”状态。

第四个线索：无限向往。 哪些是我们一直想干，但是受制于种种原因干不成的事。一直想干的事，往往给我们很大动力，这些事可能蕴藏着我们的优势。

第五个线索：感到自豪。 想一想什么事情可以给我们带来自豪和荣耀？有的人是跑步，有的人是口才，也有的人是社交……这些往往都藏着我们的优势。

如果符合以上五点，那么这件事可能就是你的潜在优势。

为什么说是潜在，因为只靠一些有趋向性的特征，还不足以判定为优势。从“想到”到“得到”，中间还隔着“做到”。

优势的形成，还需要资源和时间的投入，以及大量的刻意练习，去放大自己的天赋，使之形成一个确定的个人优势。 从我的切身经历来说，明确优势后，至少坚持做 5 年，才能得到结果。

但是在放大的过程中我发现很多人都很难坚持，这个时候有一个关键的技巧，就是要学会给自己制订计划与目标，把长远的大计划切分成一个个渐进完成的小目标、小节点，用每个目标实现后阶段性的满足感，来支撑自己完成下一个目标。这样不断用满足感自我激励，才有可能自我迭代，做实自己的优势。

古人说，不积跬步，无以至千里。任何事情，都不会一蹴而就。凡是让你变好、变强的事情，都会让你经受磨炼。所以，坚持，才是最重要的。

当你成为所处行业不可或缺的人才，全世界都会对你笑脸相迎。不必理会他人的不解甚至嘲讽，义无反顾地坚持下去，当你抵达山顶，就可以享受高处的所有风景。

“敢”比“会”重要。

“完成”比“完美”重要。

先上场，再调整。

思虑一万次，比不上行动一次。

2

第二章

直击本质，看懂人性的底层逻辑

失败不是成功之母，

打胜仗才是成功之母。

认知

穷人还是富人，是思维决定的

曾经有人问“石油大王”洛克菲勒这样一个问题：“如果把你的钱财、资源都拿走，然后把你扔在贫民窟。你有信心重新变得富有吗？”

他的回答是：“只要有一支商队从我身边路过，我就会成为一个新的百万富翁！”

还在读书的时候，读到这则故事时，我认为洛克菲勒是一个因为拿到了结果，就可以随便吹牛的人，现在回想起来，感觉曾经的自己真是一个批判思维重的叛逆青年。直到回首十几年来自己的职场、创业经历，我才真正相信并体悟了洛克菲勒的这句话。事实就是：吃肉的一直吃肉，喝汤的一直喝汤。穷人思维就是要、省、及时满足，所以有机会就扑进去，最后被眼前的利益一叶障目，错失了收获财富的时机。

为什么洛克菲勒对于财富的失而复得能有如此自信？

因为对于富人来说，决定一个人财富多少的，不是境遇的好坏，不是学历的高低，而是思维和认知上的差异。因为人生起起落落，际遇有高有低，但认知，却是一个人永远带不走的能力。

一个人，如果认知富有，终将创造源源不断的价值；而如果思想还未脱贫，可能一辈子都摆脱不了贫穷的陷阱。

具体而言，我认为体现在三方面——对工作的认知、对时间的认知和对习惯的认知。

一、穷人为钱工作，富人让钱工作

《富爸爸穷爸爸》一书里，有一个“老鼠赛跑陷阱”的概念。为了吃到一口奶酪，老鼠不停地在轮子里奔跑。就像很多被钱牵着走的人，必须无休止地工作，才能获得收入。往往消耗了体力，收入也增长缓慢。

未经思考的努力，往往是多数人贫穷的根源。跳不出惯性的思维模式，人就会变成轮子里的仓鼠，只盯着眼前的奶酪，把同样的圈，跑了一遍又一遍。

想实现人生跃迁，就要摆脱低质量的勤奋，用更高阶的认知武装自己。

我曾听过一个《管道的故事》，让我感触良多。

说从前有两个年轻人，A 和 B，都想成为富有的人。一天，两人得到一份工作：把山里的泉水挑到村里来。运送的工钱按照桶来计，谁挑的水越多，得的工钱就越多。

A 和 B 很努力很积极，他们天天挑着水，来往于山头和村庄。A 十分满意自己的工作，他盘算着，只要每天多提几桶水，就能买到大房子。可 B 干了一段时间后，却觉得这种需要卖力赚钱的工作，效率太低了。

怎么办呢？B 琢磨出了一个方法。他打算在山头和村庄之间挖一条管道，这样就可以直接把水引到村庄。B 说干就干，他拿着工钱，请人来铺设管道。可随着花在工程上的时间增多，B 挑水的时间越来越少，得的报酬，也大不如往日。

A 嘲笑 B 异想天开，不踏实赚钱。可管道竣工后，A 却傻眼了。因为水流可以直接引到村庄，所以人们再也不需要他这个挑水工。反倒是 B，赚得盆满钵满。

所以，思维上的差异，往往是拉开贫富差距的根源。

只盯着眼前的一亩三分地，机械化忙碌，循环式劳动，总有一天，会被飞速发展的时代淘汰。

放眼现实生活，亦是如此。卖力吃苦，不一定能得到领导青睐；天天加班，也不一定能升职加薪。**不断迭代技能、随时更新自己，才能让收入水涨船高。**

当一个人，无论怎么努力，都和理想差距甚远时，就该停下来想想：你是不经思考地穷忙，还是主动寻求突破呢？

二、穷人喜欢及时满足，富人追求延迟满足

1995 年，美国旧金山召开了一场由 500 位富豪和政治家组成的精英会议。会议认为，全球化的发展将使贫富差距迅速拉大、阶层矛盾激烈增加。

如何让穷人安分守己？他们想出了一个办法：只需要像喂婴儿奶嘴一样，为穷人提供源源不断的娱乐就行了。这就是著名的“奶头乐理论”。

反思一下现实中，你有没有发现这样的现象：当你想认认真真做点正事的时候，总会有各种因素干扰你。学习没一会儿，你心痒难耐想打两局游戏，然后一打就是两个小时；工作刚开展，你又忍不住点开某短视频，然后一刷就是老半天。

其实这些“奶头乐”的背后，就是你对及时满足的渴望，也称“多巴胺陷阱”。

多巴胺是一种神经质，它能够给人带来即时的爽感。但同时，它又像一款廉价的毒药，让你在快乐中不断沉沦。

相反，与多巴胺相反的内啡肽需要人克服本能，去延迟满足自己的需求，才能艰难获得。

但一旦拥有，你就会享受到自我提升的巨大满足。

在废掉一个人的所有事物当中，最可怕的，其实不是贫穷本身，而是那些让人无法察觉的诱惑。它会缓慢侵蚀你的思想，蚕食掉你有价值的东西，最后把你完全颠覆成为一个废人。

而这个社会最残忍之处在于，穷人都沉浸在多巴胺的爽感中；而富人，却在逼自己追逐内啡肽，逼着自己延迟满足。

21 世纪最值钱的是什么？是时间。

谁能赚到别人的时间，谁就能赚到别人的钱。谁的时间

被浪费，谁就注定沦落贫穷。

因为每个人的时间都是有限度的。如果你把精力用在提升自己、精进技能上，那么你的价值自然会随着能力上升。如果你把精力都花在了“奶头乐”上，你在提升自我上的时间就会被大量压缩。

人就是这样在悄无声息之间被彻底废掉的。

三、穷人沉迷娱乐，富人热衷学习

哈佛商学院曾经做过一个调查，发现了一个反差极大的现象：越是富人、精英阶层，他们的闲暇娱乐，越喜欢阅读、学习、运动，以此来充实自己。

而越是底层的穷人，他们越喜欢采用消耗型方式，为自己提供快乐。比如打麻将、玩游戏、看肥皂剧。

不同的娱乐方式，造就了命运的天差地别。

曾经有一部记录“股神”巴菲特的影片，叫作《成为沃伦·巴菲特》。在这部片子里，巴菲特并没有提供什么快速致富的秘诀，他只是在不停地在看书、读报。

别人看电视的时候，他在逼自己看枯燥的学术资料；别人打游戏的时候，他在逼自己吸收最新的财经知识；别人刷短视频的时候，他在逼自己学习最先进的财富理念。

他会在每天早上7点前准时起床，然后花五六个小时阅读各种新闻和财报。他的办公室没有电脑和智能手机，只有身后的书籍和一桌子摊开的报纸。

没错，摒弃低级娱乐，保持终身阅读与学习，就是巴菲特的成功秘诀。

普林斯顿大学心理学博士亚当·阿尔特也说：“那些生产和设计高科技产品的人，自己绝不会上瘾，他们总是把时间花在更有价值的地方。”

乔布斯的孩子从未用过 iPad，周末总是在家看书、聊历史；Twitter 创始人没有给两个儿子买过平板电脑，孩子们放了学总是在补充各种精英课程；游戏设计师对“魔兽世界”避之不及，很多硅谷巨头下了班压根不靠近电子设备。

如果你观察身边有钱人的生活，你会发现：很多富人，明明很有钱，可还是发愤工作，不去享受放松；明明身材很好了，可还是常年克制饮食，坚持健身；明明学历很高了，还要读书学习，不断提升自己。

为什么？

因为富人明白，贪图享乐，沉迷低级廉价的快乐，并不会让自己变得更好，反而会自取灭亡。

如果你沉迷在低级快乐之中，再多的财富，也会在一次次的舒适里消耗殆尽。

相反，你只有一次次地逼自己，去做那些令你痛苦的事，去做枯燥但是有价值的事。只有这样，你才能将财富牢牢掌握在自己手中，才能拥有自己想要的人生。

本质

真正厉害的人都是直击本质的高手

《教父》中的主人公维托·柯里昂用自己的人生，印证了那句经典台词：**“花一秒钟就看透事物本质的人，和花一辈子都看不清的人，注定是截然不同的命运。”**

确实如此。在日常工作中，你会发现普通人会在纷繁复杂的事情中纠缠不清，而那些真正厉害的人，总能迅速洞察事物背后的本质，在一团乱麻中迅速地抽丝剥茧，瞬间找到问题的真正解决方案。

很多时候，真正拉开人与人差距的，是你洞察事物本质的能力。

为什么高手可以一瞬间看透事物的本质，而普通人半辈子也看不透？高手究竟是如何做到的？

想找到这个问题的答案，首先我们就必须先知道什么叫作：透过现象看本质。

所谓透过现象看到本质，就是让各种花哨的现象露出事物

本来的样子。从而直接在本质上研究，从根本上解决问题。

我们搞明白了什么是现象和本质，以及什么叫作看透问题本质了，那么问题来了：如何才能做到透过现象直接抓本质？

想回答这个问题，我们必须先知道这些现象有哪些，以及是如何阻挡我们看到本质的。

为了回答这个问题，我们这里先植入一个概念——**认知盲区。就是你对事物的认知会被你生活的环境、学识、眼界等因素局限。**

这些因素会让你只能看到事物的冰山一角。你不是亿万富翁，你永远想象不到真正的亿万富翁是一种什么体验；一个生活在秦朝的古代人想象不到你现在生活的样子，同理，你也无法想象3000年后的人们的生活方式。

正如庄子说的，“夏虫不可语于冰者，笃于时也”。意思是只能活过夏天的虫子，你不要去给它描述冬天是什么样子。**他生存的世界就决定了他的认知边界。**

我曾经在设计一套销售训练课程时，为了确保能解决目标学员的痛点，于是提前发出了2000多份问卷，收集销售人员在实际工作中遇到的卡点。问卷反馈回来后，我发现其中80%以上的人都对一个事情表示很无奈，就是客户反馈的三个字：太贵了。

“太贵了”的背后是什么意思？我用了将近一年的时间，走访了很多与我深度合作过的客户，经过总结后，我发现

“贵”并不单单是表面意思，有可能是客户习惯性的口头禅，也可能是经过对比后的试探性反馈，还有可能是想要拒绝或拿不定主意时的敷衍借口。后来，我把“太贵了”背后的八种原因和场景做了一个分类，成为目前我的课程里比较经典的一个课题。

我最初开始去讲授这个课题时，印象比较深刻的是一些销售的“老鸟”当场提出了质疑，在他们部分人看来，客户嫌贵就是表面意思，哪有那么多原因可讲。那一刻我突然就感觉到所谓认知盲区的存在。它会阻碍我们客观全面地看待问题，让很多人执迷于现象，看不到本质。

除此之外，还有一点让我们没有办法看到本质——我们每个人自身携带的懒惰基因。那就是大脑懒的本能，走思维捷径，形成懒的思维惯性。

我们都知道大脑是一个极其耗能的器官，就那么个小肉球，要耗费掉全身20%多的能量。大脑为了适应生存，就有一套节省能量的回路机制，那就是自私的思维捷径。所谓思维捷径就是我们说的利己经验。

那我们该如何训练“看本质”的能力呢？我认为有三个重要方面：

第一，拓展自己认知的边界。

为什么很多人看不透事物的本质？最主要的原因是他的认知水平达不到，这个事情超出了他的认知范围，他怎么能看见更深层次的东西？

心理学上有一种认知偏差现象，叫作“达克效应”，意思是说越没能力的人，越认不清自己，越盲目自信。

一个人的认知水平越低，他的想法就越单一，越缺乏判断力；他的目光越短浅，越难以洞察事物的本质。

所以，你首先要解决“知道”的问题，拓展你的认知边界。知识的欠缺、经验的匮乏，都会影响你的认知水平。

第二，锻炼系统化的思维方式。

系统化思维是洞察事物本质的重要能力。什么是系统化思维？

系统化思维是指你在看问题的时候，不能割裂地看问题，要总览全局，不仅要看到事物的表象，还要看到背后的联系。

怎么来锻炼系统化思维呢？你可以从三个维度进行修炼：

第一个维度，结构化地看问题。因为结构化思维本身就是系统化思维的一部分。

第二个维度，站在全局看问题。局部和整体之间，很容易发生断裂。站在全局看问题，才能看得长远，看得深刻。

第三个维度，站在未来看问题。系统化思维是动态、变化的，不要陷入经验主义，你一定要站在未来看问题。

第三，不断地自我训练、刻意练习。

能力一定是练出来的，你要想提升自己洞察事物本质的能力，便要不断地进行刻意练习。

怎么练习呢？很简单，遇到问题的时候，多问几个为什么。如果团队工作没有激情，为什么没有激情？是哪里出现了问题？是激励出了问题，还是公司文化出了问题？每当你多问一个为什么，你就往事物的本质更近了一步。

其实我们终其一生，都是在与自己的认知博弈。

努力打磨思考的深度，不断修行破局的能力。当你一眼就能洞悉事物本质，人生必定截然不同。

应变

这个世界不是强者通吃，而是适者生存

一、懂得顺势而为，才能笑到最后

商业世界里有一条定律，叫作“强者通吃”。如果你观察自己所处的行业，会发现确实存在头部效应。金字塔顶端的某家或几家企业，垄断着绝大多数的资源和客源。

可商业世界偏偏还存在另外一条定律，叫作“适者生存”。那些在关键拐点可以弯道超车的企业和个人，就是因为摸透了“适者”的生存之道，才能在时刻变化的世界，创造属于自己的新的历史。

雷军说过，**这个时间上努力和聪明的人太多了，而成功者，往往懂得顺势而为。**

“80 后”“90 后”的人都经历过诺基亚的辉煌时代，那个年代，诺基亚绝对是手机市场上的一哥，市场份额占比在全球一骑绝尘。绝对的霸主地位，让它没有意识到在 2000 年初才初露头角的苹果手机带来的威胁，认为凭借自身在全球的用户

体量和美誉度，自己的塞班系统一定能打败苹果的IOS系统。

可诺基亚忽略了用户对操作便捷和图像形态丰富化的底层需求，仅在iPhone4推出的两年后便宣布破产。可见，**没有顺应时代和消费者需求，大厦倾倒就在一瞬间。**

再看一个案例，2015年的时候，我们国内的两大电商巨头阿里巴巴和京东正战得不亦乐乎，却不曾料到一个从没听说过的企业横空出世，并在短短三年内就完成了美股上市，迅速瓜分走了阿里巴巴和京东的市场份额，它就是拼多多。

当年，阿里和京东都在忙着抢占一、二线城市的用户心智，却忽略了国内仍有巨大的下沉市场未被开垦。对于很多四、五线小城市甚至县城、乡镇的消费者来说，网购的价格和退换货的成本把他们拦在了网购的门外，直到拼多多出现，同样的商品，更低廉的价格且不需要用户支付退换货费用的机制，帮拼多多牢牢抓住了底层群众的需求，市场份额短时间内大幅攀升。

由此可见，**能在商业丛林里活下来的，不是最强的那个，而是能对变化做出最快反应的那个。**适者会根据自己所处的环境、扮演的角色，不停调整自己，从而增强自己的生存能力。

而想要适应变化、获取财富，首先一步就是要洞察需求。经济、科技因素在改变，消费环境也在改变，**谁能率先听到用户的心声，谁就抢占了顺势而为、逆势增长的高地。**

作为个体，环境难以改变，我们唯一能做的是改变自己，不停去调整自己的参数，去适应环境。遇到问题，尽量不去向外找原因，而是要向内找，看清内部的阻碍，才能找到提升和优化的关键诀窍。

二、适应社会规则，才能成为受欢迎的人

“适者生存”体现在做人层面，是不要执着于“非黑即白”的二元对立法。明辨是非很重要，在一些关键问题上，一定要守住底线。但若在现实生活中，太过执着于是非对错是行不通的，不仅不受欢迎，还有可能被孤立冷落。

曾国藩作为晚清政府的关键决策人物，年轻时在官场上也是个“愣头青”。他在给皇帝上奏折中说满朝当中没有人才，把朝中的同僚都给得罪了。那时候的曾国藩是府第，所以朝中高级大臣见到他都不跟他打招呼，在京城非常受冷落。

后来他回到湖南官场，又把湖南的大小官员全给得罪了，当地所有的官员都抱团欺负他。他创办湘军的时候不给他提供资源，湘军创建成之后，曾国藩又带领湘军到江西打仗，结果江西所有官员也抱团欺负曾国藩。

从咸丰上台一直到咸丰七年，曾国藩在官场是非常痛苦的，受中央到地方所有人的排挤。后来，他开始一遍一遍地读《道德经》，一边读一边反思自己做官这么多年的经历，然后认识到自己的问题在于做事太刚强，所以他就开始结合《道德经》反思自己做官的方法。

到了咸丰八年，他再次出山，完全变了一个人，在官场上见到任何人都非常客气，主动向对方请教，要求对方指出自己有哪些问题。久而久之，他在官场上混得如鱼得水。

曾国藩的转变，在于他看清了“适者生存”，学会了审时度势。很多时候，你明明是对的，但别人并不欢迎你，为什么？因为**别人更在乎现实所得，而不是你价值标准中的是非好坏，你可以要求自己，但是你永远不能要求别人。**

所以，**能够衡量做人做事的“度”，懂得变通、能屈能伸的人，一定是一个受欢迎的人。**不管在官场、商场，还是在企业、社会上，在不违反自己大原则的情况下，为别人让步，也是为自己让步，走向未来的道路就会更加顺畅一点。

复利

勤劳致富，但勤劳的人快被淘汰了

职场上，有一类人最吃亏——勤奋的老实人。

他们日复一日，做事靠谱，责任心强；任劳任怨，随叫随到，可过了 35 岁或 40 岁，有一天你会发现，他们从企业里消失了，一打听，原来是被优化了。

现在有很多人，自嘲“牛马”。经济下行，逼得很多企业不得不裁员以节省成本，如果你还沉迷于“努力就会有出路”的陷阱中，早晚有一天，会成为被时代车轮碾轧、淘汰的人。

如何突破“勤奋迷思”，让自己的路不至于越走越窄呢?你一定要知道致富的一个秘密武器——复利思维。

爱因斯坦曾说，世界上最厉害的武器不是原子弹，而是复利。股神巴菲特说，全世界最恐怖的力量叫作复利。**复利思维，是典型的富人思维。** 想要财富增长，就别再傻乎乎地埋头苦干了，**掌握以下几种典型的复利思维，你才有可能收获真正的财富，而不是打工赚的辛苦钱。**

一、时间复利，拥抱长期主义带来的财富

现在很多人做事，总是三分钟热度。看到短视频火，就发个十几条，发现数据没变化，不去找原因调整，而是马上就放弃；看别人做知识付费赚到钱了，自己也马上去做，结果不好好做课程体系，只想着“割韭菜”，最后大概率也是不了了之。

我们当前的社会，高度透明，想要做一个短时利益收割者，越来越难。**你只有越专注，得到的才越多；越持久，复利也就越多。**我身边那些拿到大成果的人，几乎都是长久深耕一个领域的“牛人”。

所以想要收获时间复利，先审视一下，自己是否有所谓的终身技能或价值，如果没有，那就从现在开始，投入时间，先狠狠地投资自己。

投资股票房产，还有赔本的风险，但在自己身上的投资没人能夺走，只会不断增值。投资自己学一门真正的技能，能让你提升核心竞争力；投资自己去上一个 MBA 进修班，能让你收获人脉。与其向外追求物质，不如向内建设自我，因为**花在自己身上的钱，终有一日会通过时间的复利流回来。**

二、经验复利，让成功的雪球越滚越大

网文圈曾流传着一句话：百万成神。意思是只要你在网上坚持更新文章，累计写到一百万字时，就能成为大神级别的作者。

这个观察，给我们普通人的启示是，简单的事，重复去做。累计投入一定程度，你就可以成为一个领域的专家。

当然，经验的复利，除了自己一定要亲力亲为去做，还可以给复利再加一点杠杆，就是复盘和借势。

不懂得复盘反思、总结经验的人就像是装了发条的机器，一生都在重复机械的劳动。我们的人生总会遇到各式各样的"坑"，跌倒了能爬起来的，是强者；避免跌入同一个坑的，是智者。

我经常说，**好好复盘一次，胜过埋头苦干十次。**通过复盘，才能发现实操中的优点和不足，从而优化提升、沉淀经验。所以，每天睡前，放下手机，给自己5—10分钟的复盘时间，想想自己的一天是如何度过的。除此外，复盘还有一个非常好的办法，就是把你的经验分享给他人，一方面可以梳理自己的思路，另一方面也听听他人的意见反馈，纠正你目前的不足。

积累经验另外一个有效的途径，我在前面一章里也分享过，就是向"牛人"取经。跟对人，走对路，做对事。**失败不是成功之母，打胜仗才是成功之母。积累正确的经验，不断去复制胜仗，才能把成功的雪球越滚越大。**

三、影响力复利，躺着也能赚钱

做实体经济的人都知道，80%的业绩往往来自20%的老客户。所以生意若想持久，就必须提升自己品牌和产品的影响力，让客户一次又一次地光顾，从而产生持续的消费和转介绍。如果一个客户，你只能为他服务一次；一个合作伙伴，只能和你合作一次，那这样的时间成本投入，就是不划算的。

对于影响力复利，做自媒体的人更是深有体会。我经常看到一些短视频推荐一本书，用的脚本都是同一个，而转化率非常惊人，为什么？因为同质的内容，已经被验证过是有效的，只需要不断去复制就好。如果你是内容生产者，只要你的内容够好、转发量够高，你睡着之后，你的内容仍会在互联网上不断发酵，持续被看见、持续转化为影响力，**形成所谓的“睡后收入”。**

所以，聪明的人，都会去构建自己的影响力，它能为你带来成倍的财富变现。

一个人勤劳，固然没有问题，勤劳始终是我们向上攀爬的必备品质，但如果你想要突破现有圈层，实现人生的关键跃升，就请在工作中时刻谨记复利思维，日日坚持，你的成长就有可能实现指数级增长，一年顶十年。

价值

不论时代如何变幻，守住自己的核心优势

我想大家最近几年都会有一种强烈的感觉，就是我们的努力越来越不值钱了。

30 年前摆个地摊都能成为万元户，有条件开个厂子的，都能赚上一笔。不需要学什么人力资源，招人都非常容易，在广州，马路上贴几个招人的广告，一招手几百几千的人排队，现在呢？

以前，我们努力学习、努力考试，只要能得到一张大学文凭，就足以成为人群中的佼佼者了。现在，大学文凭的含金量越来越低了，就连毕业于 985、211 高校都不见得能获得一个面试的机会。

以前，遍地都是黄金，我们只要有胆识、肯努力，就能赚到钱。现在，生意做得又苦又累，已经比过去努力了几百倍，却还是在生存边缘挣扎，红利变红海，利润越摊越薄，竞争越来越惨烈。

钱越来越难赚，行业越来越卷，机会越来越少，这些已经成为大家公认的事实。但究其根本原因，不是赚钱变难了，而是因为以前赚钱太容易了。

改革开放后，经济的高速发展，给我们国家带来了至少四轮财富腾飞的机会。

第一轮财富机会是消费品的机会。20 世纪 90 年代初，老百姓刚刚有点钱，摆脱了贫困线，想吃点好的、喝点好的，而市场还存在很大空缺。于是这个时期诞生了大量的早期国产品牌，比如娃哈哈就是在那个时候驶入发展快车道的。

第二轮是白色电器，也就是家电的机会。满足了口腹之欲后，大家也想提高生活质量。家电就是在这个时候开始涌入千家万户的，TCL、海尔、长虹等家电品牌在这一时期迅速崛起。

随着国家陆续取消福利分房，浩浩荡荡的城市化进程也正式拉开了帷幕，这也就带来了第三轮的财富机会——房地产的腾飞。所以 2000 年到 2005 年胡润财富排行榜前 10 名，最多一次有 7 位都跟房地产有关。

如果把前几次的商业机会统称为“下海”，那么第四轮机会，可以叫“上网”。

2000 年前后，马化腾创立了腾讯，马云成立了阿里巴巴，李彦宏创立了百度。2000 年的这一批企业家，大概也是我们今天最熟悉的一批。因为这次，他们进入了一个几年前才正式进入中国的、全新的地方和全新的经济模式：互联网。

而这些财富机会的诞生，都跟时代机遇密不可分，如商品的缺口、人口的红利和技术的迅猛发展等。用两个字概括，就是“红利”。

红利，就是短暂的、结构性的供需失衡。 说得更直白一些，就是容易成功的方法、轻易赚到的钱。谁能抢先进去，谁就能抓住稍纵即逝的机会，谁就能赚到钱。

但现在时代变了，我们真的不是需要胆子大、努力、拼命，需要的是思考，而且是认真的思考，这些东西讲起来非常的简单，用产业的眼光看行业，用行业的眼光看产品，用资本的眼光看未来，用未来的眼光看现在，拔高认知的高度，你才会做出正确的决策。

因为所有凭运气挣到的钱，都可以凭努力输掉。我们可以从红利里拿到竞争力，却拿不到核心竞争力。

在当下的乌卡时代，竞争异常激烈。不仅面对行业内的竞争，还面临跨界的竞争，打败柯达的，从来不是相机同行，而是智能手机。**面对竞争，必须具备创新思维，打造属于自己的核心竞争力。**

那么，如何判断什么是我们的核心竞争力？

很早之前，杰恩·巴尼在一篇叫《从内部寻求竞争优势》的文章中，提出了一个可以帮我们找出自己竞争优势的模型：VRIO 模型。

第一是“V”，指的是“Value”，价值。

什么是价值？是指我公司里，有没有什么值钱的东西吗？比如我的工厂、我的产品？

不。这里的“价值”指的是，这项资源或能力，是不是在你的行业要赢得竞争，所必需的？能不能有助于你应对来自外部的威胁或机会？

要符合“有价值”，必须具备两个特征。

其中，最明显的特征就是：能帮你抓住机会或中和威胁，为你带来竞争优势。比如，能帮你降本增效，能帮你提升产品和服务的质量，或能帮你建立你的护城河，等等。

另一个重要特征是，被你的顾客需要，并重视。很多人在考虑问题时，只从自己的角度出发，忘了从顾客的角度思考。然而，资源的价值高低，很多时候并不取决于你，而取决于你的客户。换句话说，就是能帮顾客实现他看重的某个需求的资源。

第二是“R”，指的是“Rarity”，稀缺性。

稀缺，就是大部分，甚至所有其他竞争对手都没有的。比如，做手机，你有没有先进芯片制造能力？做飞机，你掌握了多少发动机技术专利？做 App，你有多少用户基数？

为什么要稀缺？因为只有稀缺的资源和能力才值钱。就像做直播电商，用户基数越大的头部主播，才有底气喊出“全网最低价”，才有能力创造“最高 GMV”。

但一时稀缺，是容易的。一直稀缺，能一直赚到钱，非常难。**要找到值得你重仓的核心优势，你还要筛选出那些更难，却能更长期帮助到你的资源：难以模仿的资源。**

第三是"I"，指的是"Inimitability"，难以模仿性。

如何理解难以模仿性呢？其实很简单，我举个例子，中国的"百年老字号"、日本的"匠人制造"、美国的"可口可乐配方"和"肯德基炸鸡配方"……

这些都导向了一个共同的底层逻辑——**你有没有其他企业无法获取，或者获取需要付出高得多的巨大成本，让别人和竞争对手都难以模仿的资源。**

第四是"O"，指的是"Organization"，也就是组织。

能找到一个，甚至几个同时符合"有价值的""稀缺的"，又"难以模仿的"资源，已经很不容易了。

但是，这些资源再有价值，再稀缺，再难以模仿，要变成你真正的竞争优势，还差一步，那就是靠你的团队、你的组织，把它发挥出来。

VRIO 的前面三项，针对的都是你的资源或能力。但是最后的组织，针对的是你本身。你的企业、你的团队、你的组织，能不能充分地调动相关的资源和能力，把它转化成真正的竞争力。能不能比你的竞争对手更快、更彻底地执行正确的战略方向。

战略找对了，资源和能力也足够，但组织能力落不了地，

是创业路上最可惜的坑。很多企业输，不是输在方向不对，也不是输在资源和能力不够，而是输在没能执行下去，没能把事情和项目踏踏实实做好。

找到符合 VRIO 的资源或能力，就能找到你的可持续核心竞争优势，做到差异化，帮助自己赢得竞争。

所以，想要打造核心竞争力，要从这四个维度出发，找到自己的价值、稀缺性、难以模仿性，再加上自身过硬的组织落地能力，几个因素同时产生作用，你的核心竞争力才能发挥它强大的效力。

越是在外部高度不确定时，越要坚定地向内寻找和发挥自己的可持续竞争优势，提高自己的确定性。有章可循，有的放矢，最终才能赢得竞争。

概率

不追求好运常在，但可以提高胜算

这些年来，无数企业家、管理者、职场人士都问过关于“如何成功”的问题，这些提问的背后，归根结底，就是如何拥有更大的人生胜算。

没有任何法则、方法可以确保一个人可以100%达到成功。即便你事无巨细地学习实践查理·芒格的人生算法，也不一定会拥有和他一样的财富。

无论多努力，成功中总有一定的运气成分，那难道躺平摆烂是唯一的选择吗？

当然不是。关于提高胜算，我曾听到过一个这个时代成功者所秉持的思维公式：5%的努力+95%的概率=100%的胜算。

对于大多数人来说，得知自己成功的概率只有5%掌握在自己手里后，会选择“看命”“靠运气”。**而顶尖高手会选择不断地精进自己的人生算法，把自己的胜算从5%提高到**

95%，让自己有更大的概率拥抱成功。

那么，我们该如何提升自己人生的胜率呢？答案是，这个世界上没有什么事情是确定的，更没有人能够确保成功。

但是，顶尖高手，都懂得加大成功的概率，因为他们都有概率思维。

所谓概率思维，本质是在不确定中寻找确定性。就像打麻将，每个人的牌面都不相同，也不确定自己能抓到什么牌。唯一确定的是，我们要在长时间的“码牌”中，不断增加取胜的概率。具体怎么做？可以分三步走：

第一步，确定一个初始的成功概率。也就是说，先综合自身条件，时刻关注牌局和自身牌面，基于此，对某件事成功的概率，做出基础判断。比如：你要知道自己有什么，优势是什么，有哪些资源人脉，自己处于什么生态位；你还要了解整体的大环境、大趋势是什么，机会在哪里；等等。

一句话，你通过自己的基础认知力，分析各种情况，将洞察力、敏感度、兴趣偏好、自身资源等要素，综合起来，在大脑中估算出一个大概的结果，得出一个概率。

这个，就叫作先验概率，它是主观感知得出的初始概率。实际概率怎么样，要怎么出牌，接下来要交给下一步。

第二步，提高成功的概率。当你确定好要做的事情后，具体怎么做，要通过一系列的决策，提高成功的概率。

你可以选择使用“贝叶斯方法”，来增加面对不确定性时

的成功概率。

前面提到"先验概率"，有先验概率，就有后验概率，它的意思是：根据不断出现的新信息和新数据，对先验概率进行调整，得出的一个新的概率。

简单来说就是：**后验概率 = 先验概率 + 调整因子。** 比如我们知道罐子中有 10 个球，有红有蓝，你可以先猜抽到红球的概率是 50%（先验概率），但抽了几次都是红球（调整因子），明显高于 50%，基于这个信息，再调整对抽到红球的概率的判断（后验概率）。

这就是说，你在一个初始认知判断的情况下，通过行动，获得了一个新信息，于是认知被更新，基于新的认知，你的行动也相应调整。而调整后的行动，成功的概率被提高了。

第三步，重复循环以上步骤，直至逼近最理想的成功概率。

"贝叶斯方法"告诉我们，即使初始认知非常有限，有时甚至是不准确或有偏见的认知判断，也没关系。因为**我们掌握的信息和客观事实是会动态变化的，可以通过不断试错进行调整，让概率无限接近于事实，最终抓住机会，走向成功。**

也就是说，起点不那么重要，迭代才更重要，一个不断迭代和改进的人生，远比起点的高低重要得多。

另外，我自己在多年的实践经验中，还悟到了一个方法，那就是正确的事情要反复做。

我们常说失败是成功之母，的确，失败能让我们总结经验教训，为己所用。但失败的次数多了，也会让我们心生挫败之感，甚至自暴自弃，自怨自艾，不愿意继续努力。

但其实，成功才是成功之母。在一次次小的事情上，去验证自己的想法和行动，积小胜为大胜，不断重复成功的动作以及成功背后的决策逻辑。

所以，正确的事情，反复做。从根本来说，这就大大减小了失败的概率。

有一个很经典的概率知识：大数定律。比如说抛硬币。正面向上的概率，应该是50%。但是，你第二次抛，就一定是反面向上吗？不一定的。可能你连续抛了十几次，都是正面。

但是，如果你继续抛，抛100次、1000次，最后正反面的次数，应该是一样的。只要你抛的次数足够多，结果就应该是稳定的。

这其实给了我们一个启发，正确的事情，要反复做。一两次没成，多做几次，成功的概率就大大增加。

那你可能会问，这个“多做几次”，到底是几次呢？这么说吧，假如你做一件事成功的概率有20%，那么多做几次，可以提高到95%呢？

答案是14次。只要你反复做14次，你的成功概率就能达到95%。这意味着，我们做事情，是可以有方法论指导的。

不用一次性做太多事，这样反而会稀释概率。

如果你很有信心，看准了，就反复做。专注一点，成功的概率可以非常大。

此外，正确的事情反复做，这也与心理学上的“胜利者效应”相吻合。“胜利者效应”简单来说就是：“如果你能够先战胜一个较弱的对手，那么之后在面对强大对手时的胜算，会比最初就直面强敌大很多。”

我们在面对未知的未来时，都会感到恐惧和焦虑。当我们接到一个困难的工作时，我们很可能会产生畏难心理，觉得这个任务不可能完成，然后就会引发拖延症，最后把事情搞砸。

但如果我们把人生这个大目标拆分为小目标，比如一次签单成功、一个项目的业绩，用这样可量化的小目标激励自己不断前进，我们就会觉得问题简单了很多。

所以，成功不是通过失败累加而来的，而是由胜利激励而来的。也就是说，并不是成功带来了成就感，而是成就感带来了成功。

起点不重要，

迭代才重要。

人生能否不断向上突破，

远比起点的高低更重要。

3

第三章

“逆成长”，做不断进化的人

遇大事要静，

遇急事要稳，

遇难事要变。

觉醒

想翻身改命，必须经过三次觉醒

每个人来到这个世界上，不管是认知到人情和社会的全貌，或是成长为更好的自己，都要历经大大小小的各种磨难。一个人的觉醒要经过三次天打雷劈、三次锥心刺骨之痛。过去了就是人生的觉醒、生命的升级，过不去就会从头再来！

第一次觉醒，我认为是背叛。

遭受背叛，也是一个人破情执的过程。破除你的天真和幻想，破除你的各种依赖和期待。

人生三情——爱情、友情、亲情，无一不是背叛的情感源头。但每个人的感情和问题都是不一样的，每个人的情感体验都是不一样，我不是情感老师，所以在这我们不谈这些感情上的背叛。

我们都是在事业上一路狂奔、奋力求生的奋斗者，创业找合伙人就像结婚找对象，因误会而结合，因了解而分手的情况，比比皆是。所以在这本书里，我想说说合伙人和事业伙伴的背叛。

总的来说，合伙人矛盾有两种情况：价值观冲突和能力不匹配。

一是价值观冲突。 合伙人之间不信任；拿钱积极、空口大话、怕苦怕累；遇事能拖就拖，能避就避；经常沟通不在同一个频道；等等。

遇到这样的情况，就要用文字条款把双方责任、义务、付出、回报方式说清楚、写明白。很多创业初期的人，会忽视这一点，但就是这个小小的忽略，给往后的事业埋下了大雷。

对合伙人人品考量的标准，不是你喜不喜欢，而是是否守约，还是应当尽早约定大家的付出、回报机制。如果依旧无效，那就尽早好聚好散。

二是能力不匹配。合伙，不能产生“1+1>2”的效应。 公司要想持续经营，有两种关键的能力不可或缺。我们看到很多成功合伙人公司，大多都是一个擅长对外销售，拉来源源不断的业务，一个擅长对内运营，扎扎实实做好产品交付。合伙人能力不互补，业务起不来，就可能会矛盾丛生。都去搞产品，或者都去拉销售，都不行。

如果产生矛盾，这个时候就要实事求是面对能力短板，通过对外学习或引进新合伙人的方式，补齐团队短板。能力决定上和下，价值观决定去和留。经营好事业其实也需要像经营家庭一样，去经营好与合伙人的关系。

那么，如何找到合适的合伙人？

一是要对合伙人进行精准画像。从价值观、履历、产品、能力等方面对合伙人进行精准画像。

二是可以从身边朋友、同事或熟人介绍。

三是参加一些针对性的行业活动，遇到合伙人的概率会更高。

切记，合伙人最重要的不是去合财。首先是合心、合力、合资源，最后才是合钱。

心要在一块，能够相互包容。每个人擅长的领域不同，资源不同，得舍得把资源贡献出来，放到公司。大家都是一心为事业，而不存私心，这样两个人齐头并进，事业才会蒸蒸日上。

第二次觉醒，自己感到无能为力的时候。

人生中，我们常常会遇到一些无法改变的困境，而这些困境往往会给我们带来一种无能为力的感觉。有人说，讨厌这种感觉，但事实上，我们并非无法改变现状，而是需要找到正确的方式来面对。

在遇到困难，自己感到无力的时候，首先必须要有好的心态。尤其是不要去责怪，不要责怪自己，也不要抱怨别人。

很多人在面对困难的时候，总是习惯性抱怨。没拿到结果，就认为自己做得很好了，完全是下属的执行力不够。之所以抱怨，是为了逃避，撇清自己的关系，从而获得安心感。

这就是“替罪羊效应”。

但抱怨根本没有用，抱怨解决不了任何问题，还会让事情越来越糟。出现问题，除了面对和解决，别无他法。

有一些难题，是当下的，它们就在眼前。当你一睁开眼睛，一想到这些密密麻麻的难题，如山堆积在眼前，你就会有一种无力感。

这时候，千万不要瞎忙，而是要根据事情的轻重缓急进行排序，要事当先，把那些不重要的事情放在后面。

另外，还有一些目前解决不了的难题。

有一些复杂的难题，并不是你一次性就能解决的。正是因为现在无法解决，所以你一直处在困局里。那么怎么办呢?

心理学家李松蔚说：“尝试用 5% 的改变，打破惯性、走出困局。”我很认同，我们面对一个庞然大物，不知道该怎么办才好。**此时，可以将大的目标拆解，或者可以试着，找到一个点，往外突破一下，去看看会有什么样的反应，每次都做出 5% 的改变。**

其实，微小的行动，如果选对地方，会带来可观的、持续的改善，这就是杠杆作用。在持续埋头苦干之下，问题都会有解决的一天。**当你沉浸在解决问题的过程中，你就会忘记困难，也不会焦虑了。**

第三次觉醒，是低谷期，也就是经历绝境。

巴顿将军说："衡量一个人成功的标志，不是看他到达顶峰的高度，而是看他跌落谷底时的反弹力。"

人生如同浪潮，高低起伏，汹涌澎湃。很多人享受得了高处的欢喜，却承受不住低谷的落寞。

但其实低谷期就是上天对人生的一次锤炼，因为人只有遭遇挫折，才会思考环境的好与坏，反省自己的对与错。

华尔街投资大神瑞·达利欧在《原则》一书中提到过一个公式：痛苦 + 反思 = 进步。身处低谷时，我们反而有了向上成长的可能性。

乔布斯曾因为与合伙人的理念发生冲突，被董事会赶出了自己创立的苹果公司，给他带来了毁灭性的打击。

但长达 11 年的放逐生涯，也给他带来了很多冷静的思考。他开始学着理解别人，做一个更有大局观的领导者。他开始尝试新的业务，对市场有更深入的掌控。这些低谷期的收获，成为他后来回归、带领苹果公司起死回生的关键。

在最低谷去审视自身，才能明白自己可以达到的高度；在最低谷去观察世界，才能看清自己真正想走的道路。

要相信，每一次跌落，都是生活在提醒我们做出改变，学会反省自身，下一次就能飞得更高，走得更远。

身处低谷，有时候行动和方法还在其次，当一个人进入绝境，最重要的是稳住心态。因为乐观主义者，更容易熬过困难。

在越战期间，有很多美国军人当了俘虏。有的人，活到了战后，有的人则没有生存下来。

《基业长青》这本书的作者吉姆·柯林斯，访问了其中一位活下来的军人，问他："你是怎么熬过来的？"这位军人想了想，说："我从来不怀疑我可以出来。我有这个信念。"

吉姆·柯林斯又问："为什么那些人没有活下来呢？"军人回答说："他们总是天天在想，今年圣诞节出得去。到了复活节前，他们又想的是，到了复活节一定出得去。反反复复，最后失望了，抑郁了。"

出现困难，也是如此，我们一定要保持乐观的心态。但也不要盲目乐观，希冀一下子就解决了所有的问题。而是要正视困难，一步一个脚印，去解决它。

心态，永远是第一位的。心态对了，人生就顺了。

本领

成事最快的方式：死磕自己

这些年大家明显感觉到钱不好赚了，不论是职场上还是生意上，都遇到了或大或小的阻碍和困难。

现在增长放缓，红利消失，单凭借势风口已经不可能拿到结果了。如果不肯走出舒适区，做任何事情都在同一个思维层次上，做事永远都是同一套方法，会形成很强的路径依赖。

今天的商业和市场，需要的是硬碰硬的底气和赤身肉搏拿出真本事拼刺刀的能力。

如果还是依赖过去方法，永远是“一招鲜，吃遍天”，固守经验主义，做事同一套方法，而忽视变量的存在，那么在当下这个时代，永远都不可能有翻身之日。

成长的本质，是你要不断打破对过去的执念和依赖，不断精进，成为一个独立自主的人。这就要求你要敢于打破舒适区，主动地想办法解决新的问题。

雷军在年度演讲中讲过这么一个故事：他 26 岁时，是金山的总经理。当时，他带领团队研发了一款软件——盘古。

但出乎意料的是，这款软件卖不出去，连带 WPS 也卖不动了，公司收入锐减，甚至连发工资都有点困难。最惨的一个月，账上只有十几万元人民币，连发下个月的工资都非常困难。

那段时间，雷军经常失眠，经常一宿一宿地睡不着。作为研发负责人，雷军不能理解，为什么盘古这么好的软件就是卖不动呢？他决定一竿子插到底，到一线去，把问题搞清楚。

于是，他亲自到店里卖货。他经常滔滔不绝地和客户聊天，每天都站店 8 个多小时，但始终颗粒无收，卖不出去。雷军有些怀疑自己，就去看别人是怎么卖货的，然后一边琢磨一边练。到了第五天，他终于成交了第一单，那一瞬间他觉得好像赢得了整个世界一样，特别激动。

他越干越好，到了第七天，就成了店里的销售冠军。

这个故事的核心，不是雷军用 7 天成了销冠，而是作为一个研发负责人，在产品失败后，他能死磕困难，亲自到一线搞清楚原因。

后来，雷军自己创业做小米手机时，也是把死磕贯彻到底。

当时，最好的屏幕供应商是日本的夏普，但这种顶级供应链，一开始根本不搭理雷军他们。怎么办？见不到就想办法见。雷军各种托人找朋友引荐，后来对方终于同意说你来我们总部吧。

结果那时候，又正好赶上日本大地震，核电厂泄漏，整个日本都处在核辐射的威胁中。雷军二话不说，带着几个人飞到了日本。就这样，他们一下子就打动了对方，搞定了夏普这条供应链。

通过雷军的故事，我想告诉大家，有时候，困难就像一座大山，挡在成功的路上。但你不能绕开它，也不能忽视它，你唯有像愚公一样，展现出移山的决心，和困难死磕，困难才会一点点消失。

成功没有捷径，你不去死磕困难，那你永远也找不到解决问题的方法，无法变得强大。**遇到问题，死磕到底，付出极致的努力，你就超过了身边 90% 的人。**

所以，不要瞻前顾后。想要获得成功，唯一的方法就是死磕困难，立即行动。你对待困难的态度，决定了你的高度。

关于死磕，我认为有两个重要的维度：一是对外的，也就是跟客观的问题和困难死磕；另一种是对内的，也就是跟自身死磕，迭代成新的自己。

王阳明曾说过一句话："人须有为己之心，方能克己；能克己，方能成己。"也就是说，只有自己战胜了自己，才能自己成就自己。

死磕自己，是一种精神，但更是一种方法。方法不对，死磕很累，甚至会把自己干废。我认为跟自己死磕的最好方

式，就是持之以恒地下“笨功夫”。

曾国藩是晚清的挽救者，也是中国古代立德立功立言的圣人。他在对孩子的教育上，就是要求在“恒”字上和“笨”字上下功夫。

曾国藩拿练毛笔字为例给自己儿子讲解，“尔以后每日宜习柳字百个，单日以生纸临之，双日以油纸摹之”。你以后就临摹柳公权，单日临，双日摹，每天一百个。

“数月之后，手愈拙，字愈丑，意兴愈低，所谓困也”，每天练习一百个，经过几个月之后，你的手越来越笨拙，字写得越来越丑，兴致也越来越低，这时候就面临瓶颈了，出现了低潮期。

这时候曾国藩继续对儿子说：“困时切莫间断，熬过此关，便可少进。”这个时候不要放弃不要因此而中断，继续临，继续摹，熬过此阶段，你就可以有一些技能精进了。

这一点非常的重要，我们在学习一项技能时，起初会很快掌握一些基础的技能。对于技能的了解和掌握会迅速提升到60%，但是，继续学习发现进步速度明显变慢了，甚至迟迟不能感觉到进步和提升。很多人就打起了退堂鼓，或放弃了，自然也不会在工作和生活中去应用它，对于技能的了解越来越少。

曾国藩之后又说，“再进再困，再熬再奋，自有亨通精进之日”。**并不是说你熬过了一关就好了，你会发现这是需要经过持续的循环往复的。你再进大概率还会遇到困境，你再熬，再进，**

再进，再熬，终究有一天你会在自己钻研的事情上成为高手。

聪明人都在下笨功夫，你要对所做的事情保持专注，付出不亚于任何人的努力，最终才能取得成绩。

成功的路上，其实并不拥挤，因为选择放弃的人多。很多人做不到死磕自己，不是他能力有多差，而在于他缺乏耐力，不能坚持。

人生的路，很多时候，快就是慢，慢就是快。不管是做企业，还是做人，其实是一样的。坚持长期主义，日拱一卒，到最后你就会变成最优秀的人。

为什么？因为，你身边的对手走着走着都“掉队”了。这些人不是能力有多差，而是对自己不够狠，不能长久地死磕自己，打破自己，重塑自己，成就自己。

所以到最后身边没有人了，就只剩下你了，“剩者为王”。

成长，是一场长途跋涉；成功，也不可能一蹴而就。当你选择了正确的路，不要着急，保持定力，相信复利的力量，最终“积小胜为大胜”。

真正的高手，或许走得慢，但从不后退。种一棵树，最好是十年前，其次是现在。想要改变，从此刻开始，一切还不晚。

最后，总结一下：这个时代最不缺的就是聪明人，最缺的其实是与自己死磕的“笨人”。敢于死磕自己的人，往往走得最远，因为他们不怕慢，不怕难，只怕到不了终点。

真相
祛魅，是一个人变强的开始

我们是否时常羡慕别人，觉得自己不够好，看到身边全是行业的顶尖高手，再看看自己，心里暗想：什么时候自己才能跟这些高手一样厉害？

我想大家对这样的感受都不陌生，我也一样有过这样的体验。在刚刚开始拼搏搞事业的时候，看到很多同龄人都已经做出了成绩、拿到了好结果。但是回看自己，只是一个刚入社会的新人，没背景、没资源、没成绩。

我一度很羡慕他们，也试着努力靠近、模仿他们的行为，去学习他们掌握的技能，以为这样就能变得和他们一样强。但一段时间后，我不仅没有变强，反而陷入了更大的迷茫中。

因为很少获得正反馈，越学越痛苦，自己的状况一点都没有改善，而且为了效仿他人、变成别人，自己甚至要打磨掉自己原本的很多特质，最后不但没有拿到好结果，反倒失去了自己的特色。

这让我一度非常苦恼。把优秀的人作为目标，却怎么都达不到。

后来我才知道，不是天赋不行，也不是努力不够。**而是，慕强注定让我们失败。**

慕强时，我们把这束光打到了那些优秀的人身上，看他们什么都好，怎么做都厉害。我们会不自觉为之加上有能力、敢打敢拼、能言善断等美好的品质，无限放大对方身上闪耀的亮点。

还有很多人，对某些职业，对学历，对家境，对外表，等等，可能都充满了崇拜之情。总之，我们会对一切自己达不到、够不着的人和事，打上强光，加上滤镜，无比崇拜。

与此同时，又不自觉地把自己矮化，有深深的不配得感，认为自己不配拥有那些好的东西。很多人就在这个“一抬一贬”的过程中，狠狠地把自己套牢了。

心理学上，把这种现象称为“晕轮效应”，当我们看到一个很优秀的人时，会无限放大他的优点。就像给他打上了强光，你只看到他身上的光芒，看不到他的黑点，因为你陷在这种光环里。

把光打到别人身上，你自己就处在黑暗中，你会自卑、畏缩、恐惧。这时的自己，就身处黑暗中了，会越来越自我矮化。**越觉得对方强，就会越觉得自己弱。**

他们真有那么好吗？可能未必。实际上，这不过是我们自己的滤镜而已。

所以慕强的本质，并不是别人有多强，而是对比别人强的地方，一遍遍跟自己暗示自己这个部分有多薄弱。其实就是越没有什么，越羡慕别人有什么。

但人不可能无死角地优秀，你以为的强者，未必绝对比你强。他只是某一方面比你强，大部分时候我们觉得自己弱，只是因为我们在拿自己的短板和别人的长板比。

罗翔曾说，人的成长过程中必须要经历的一件事，就是祛魅。只有先对强者祛魅，我们才能更好地看见自己，才能实现目标，成为强者。

祛魅是什么意思呢？

所谓祛魅，就是祛除事物本身的神秘性，使其恢复本身面貌，让我们可以更正确、客观地看待它。

很多时候，我们不敢做某事、见某人，都是因为我们在脑海中把他们推上神座，他们因此看起来高不可攀，远超我们的能力范围，使得我们畏惧不前。

然而，当我们对其祛魅，用平常心、客观心去看待时，我们会发现，这不过是一件很平常的事情，那个人也不过是个普通人。他们不再高大，我们也不再渺小。我们的自信心自然增加，从而可以沉着冷静地制订计划、解决问题。

“祛魅”这个词，透露出一种自信。因为，一个人只有强大了，自信了，才敢于对那些原本高不可攀的事物进行祛魅。

如今，大家都在说“世界就是草台班子”，脱掉外衣后大家都是普通人。我们更要敢于打破那层人为的滤镜，看清他们的本质，修炼出自己的强大内心和火眼金睛。

第一，祛魅从关注自我开始。

每个人都是普通人，都有自己的闪光点和不足。把对别人的目光放到自己的身上，更多关注自我，你会看到更多自我的独特性，更容易接纳自我，发觉自己的内心，获得更多勇气。

而当你对自己有了足够的了解，才能更好地评估外界的影响，发现哪些“魅惑”会让你迷失，从而规避。

第二，去掉滤镜看人，才能看到每个真实的个体。

前面我们谈了对强者的“祛魅”，但其实不仅仅要戒掉慕强，而是对所有人都要去掉滤镜。

长得再好看的人也会有人的普遍性，七情六欲，吃喝拉撒，都是一样的；再有权威、有名气的人，偶尔也会出错，不必那么盲目地高要求他人和自己；写得出惊艳作品的作家，也可能会不想上班、不想写作……

尊重每个人的个性和差异，理解每个人都有自己独特的经历和背景，不以单一标准衡量所有人，也不看轻自己。

第三，对困难祛魅，你才能战胜困难。

有些时候，我们想做一件事情，会把困难想得无限大。

事还没开始做，就被想象中的困难吓倒了，于是心力受阻，开始气馁、沮丧、放弃。

比如，有些人总想自我改变，却总认为自己不可能战胜坏习惯，于是妥协认输。又比如，有个大客户，想让你签下来，但你陷入惯性思维，认为自己没做过这么大的项目，接不住，于是拒绝，错过机会。

事实上，所有的困难都是有解的。所有的大困难也都可以化解为一个个小困难，你只需要每天解决一个小问题，累积起来，就成了别人不可跨越的高山。

而一旦你行动起来，从解决小问题做起，困难反而会怕你。

其实不仅是对困难，对所有事情，都要学会抱着祛魅的心态去看。

遇事理性分析，避免被表面现象或情感偏见所影响，在做出判断前，全面收集信息，进行深入思考，避免盲目迷信权威文献，对信息事件保持批判性，要相信“实践出真知”。

对于没有尝试过的事情，只要你想，放手去做。有些事情只是看起来难而已，做起来后，你会发现，你的焦虑与害怕，可能只是多虑。退一万步，即使没有做成，这些经验也都是你在为未来的成功筑基。

总之，一个人想要变强大，就要敢于对世界祛魅。

当我们敢于对那些看似高不可攀的事物“祛魅”，我们的内心就会开始变得强大；当我们在祛魅后把追随他人的目光更多看向自己，关注自我，你会发现，你与他们是平等的，你也有无限可能，很多事情，你也未尝不可。

祝你越来越强大。

进化
主动驾驭复杂工具，别等工具奴役你

一、复杂工具，带你实现阶层跨越

一个人想要往高走，在我看来，有几样必不可少的装备：资源、人脉、专业技能，还有一样，就是复杂工具。

资源和人脉对于我们普通人来说，往往可遇不可求，专业技能受限于一个人所受的教育和取得的学历，大多数人也会在职业道路上继续精进，只有复杂工具，容易被大多数人忽略。因此，**工具才是我们抛开家世、头脑、情商、才华最容易获取的武器。**

我本人就是一个妥妥的工具获益者。如果没有新媒体、没有短视频和直播，我可能至今仍在销售一线打拼，每一个客户都会占用我一定的时间，我的个人价值就很难得到最大限度的转化。而有了视频号之后，一切都不一样了，我可以在同一时间内给成百上千的用户服务，甚至在我休息的时候，我的知识和产品依然在源源不断和互联网上的人产生着联结，是

“新媒体”这个工具成就了我，帮我实现了人生的跃升。

可以这样说，**每当社会上出现一个新的工具，就意味着即将诞生一批新的富人。**

二、你不主动驾驭工具，就会沦为工具

要想让复杂工具为你赚钱，首先我们要转变对工具的漠视和抵抗情绪。

要知道，时至今日，你想学习任何技能、掌握任何复杂工具，都可以借助互联网实现。网络上的资源是无限的，而且绝大多数是非常便宜甚至免费的。如果你能从网上学到新的东西，把互联网作为杠杆，让它帮助你实现自我、赚取财富，那么互联网就是你的工具。可如果你只是在网上玩乐，花费了钱和时间，那你就是互联网的工具。**在免费的江湖里，你不去创造价值，就会成为别人用来创造价值的道具。**

其实，人类每一次的技术革新，都会面临着重重质疑和阻挠。AI 诞生之初，就有很多人扬言它会取代大量人类的工作，带来大面积的失业，因此而抵制 AI 的发展，不去了解，更谈不上去使用它。

在我看来，我们根本没必要担心新的技术和工具会将我们淘汰，因为复杂的工具，永远只会成为极少数人的利器，大多数人对此无感。

哪怕身处容易被替代的行业，其实也并非完全是坏事，因为任何行业，都不可能完全被 AI 所颠覆，它的幕后，仍需要

人类的管理和指挥。有意识去掌握这部分工作，你就会成为那个指挥 AI 工作的人。

人生有时候就像一个竞技场，我们刚走进去时，发现里面从棍棒刀叉到手枪大炮应有尽有，感到非常欣喜，但等到让大家挑选武器的时候，你会发现，绝大多数人选的是棍棒刀叉，因为操作简单容易上手，而那些真正具有杀伤力的枪炮，很少有人会去选，因为学习使用的成本太高。所以到头来，本来公平的竞赛，往往会变成一方单方面的挨打，因为不同的工具，给人的赋能效果实在太大。

所以面对新的工具、复杂的工具，我们一方面不应该视而不见，另一方面也无须因恐惧而生发出抵抗情绪。**我们真正要做的是看到工具带给人的力量，积极地去学习、使用那些能帮你插上翅膀的工具。**

三、这样做，让复杂工具为你赋能

说了很多工具带来的好处，怎样真正能够让复杂工具为你所用呢？记住以下几点：

保持终身学习的心态。很多人排斥新的工具、错失用新工具致富的机会，就是觉得从学校毕业、走上社会后，就不用再学习了。**我们在学校学习的知识，80% 以上进入职场生涯后都用不上，而终身学习，最主要的就是能够让自己始终保持开放的、吸收新事物的状态，**这样当一个很厉害的、能帮助你起飞的工具摆在你面前时，你就不会本能地忽视它，而是会去探索这个新鲜的工具是否能为自己带来好处。

改变两个思维模式：第一个是把“我会什么，我能做什么”变成“我想要什么，为此我需要学会什么”；第二个是把“我不会，学会很难”改为“我可以学，借助工具我一定可以学会”。这是我自己这些年来，不断接触新事物、打开新世界后，逐渐扭转的思考模式。所以说，**你在学习使用工具的同时，工具也在重塑你的思维模式。**

尽早开始就是最大的优势！工具优势中也存在“二八法则”，最早使用的那20%的人，会垄断80%的收益。所以最早投身电商的那帮人，早就实现几代人的财富自由了。而现在最火的ChatGPT（OpenAI发布的聊天机器人模型），也还没有大规模地普及开来，此时如果你能把它应用到你的工作和生活中，你就依然有可能跑赢大多数的人。很多人会抱怨自己运气不好，其实当机遇来的时候，他当了鸵鸟，或是一直在观望没有尽早下场，等他反应过来时，早已时过境迁。

某种意义上来说，**资源和人脉也是复杂工具**，它们可以帮助我们获取更多的信息、机会、支持，这两种工具在我们身边一直存在，**最重要的是你要具备识别和连接它们的能力。**

不论你是能熟练使用Excel处理大量复杂的数据，还是能用AI制作动画，学会使用1—2个复杂工具，都能将你的工作效率和成果放大N个数量级。所以，永远不要做等着接受被命运安排的人，主要去拥抱时代，让科技和工具为你赋能。

框架

想要解决复杂问题，必须修炼系统思维

创业这些年，我遇见过不少高学历或专业能力也很强的人，做事扎实，可打拼多年，依然在做着很基层的工作，收入也没有明显提高。在我看来，这样的人，大多都欠缺系统性思考复杂问题的能力。

要知道，大部分简单的问题，具备线性思维就可以解决，但若要处理多线程、随机变化的复杂问题，就需要用到系统思维。

一个系统架构师的年薪要比一个普通程序员高出将近十倍；一个建筑师的年薪要比一个管道工高出几十倍，其本质就在于前者要带着全局视角，思考安排一个系统的整体性运转。所以说，**技能过硬永远只会让你精进“打工”的本事，想要走高走远，一定要修炼系统性思维。**

一、具备系统思维，就打开了上帝视角

四渡赤水是一场险象环生的战役，当时具体的战局大家可以去网上搜索了解，非常之精彩。深入分析此次战役能够以

少胜多、把一盘死局走活的原因，就在于它的指挥者毛泽东具备常人远不能及的系统思维能力。

要知道，四渡赤水的战略并不是一开始就设计好的，而是根据敌军的位置、兵力等“变因”不断修正我军部署方针所最终产生的军事战果。

战役全程，我军避实击虚、调虎离山，每一渡都重新分析战局、寻找突破点。当形势发生变化的时候，立刻调整战略，不带丝毫犹豫。靠着系统思维，毛主席屡出奇兵，让敌军不是扑空，就是被抄了后方，乱作一团。

我们抛开军事专家的解读不说，仅从管理的角度来分析，把这场战役看作一个项目的话，**拥有系统思维的管理者，能够透过现象看本质，规避短视和局限性，不会因为只盯着局部或某个步骤而因小失大。**反观对手，回回都被表象迷惑，只顾眼前不顾身后，次次被惯性思维迷惑，最终一手好牌打得稀烂。

二、三个维度打造自己的系统思维

如何才能拥有伟人、高人那样的系统思维呢？我总结了三个维度的修炼心法。

1. 改变先入为主的思考模式

根据表面获得的信息在最短时间内做出第一反应，是我们大脑固有的思维方式。如果不加训练，我们的第一反应就总是特定的、原生态的。

大多数人都会在事情落败后，回头反思那些关键的岔路口，为了求快，没有进行全局性、本质性的思考，匆匆忙忙就按照惯性选了一条路，导致最终走入了死胡同。

古训中有句话："知止而后有定，定而后能静，静而后能安，安而后能虑，虑而后能得。"因此我总是告诫自己，**遇大事要静，遇急事要稳，遇难事要变。**

当局势变得有些复杂，我不会急着做出决定，而是先给自己一个暂停键。短则几秒，长则几天，在这个过程中，首先排除情绪反应的干扰，然后坚持多问自己："你有了解事情的全貌吗？""你接下来要做的这一步，是为了靠近最初设立的目标吗？""这事看似有好处，但为了做成这件事，会消耗一定的时间精力，是否会耽误整体项目的按时交付呢？"

我们必须养成这样的习惯，在做出选择前多问自己为什么，把事情的多个点串起来思考，就能避免单点思维造成的局限。不信你可以观察职场上的高人，他们说话和接话的频率都会有些慢，偶尔甚至会显得有点迟钝，是因为他们脑子里有千军万马在排兵布阵。

所以，真正的职场高手都拥有管理"第一反应"的能力，他们能在所有的反应方案中找到一条最接近最优答案的道路，而不是被某个局部蒙蔽了真相。

2. 培养一种"且行且思、抬头看路"的习惯

瑞·达利欧提出过，进步 = 痛苦 + 反思。当反思被刻意

练习时，系统思维便在逐渐养成。

很多人的埋头苦干，都把精力花费在“干”上，很少去思考手头的工作，属于整体工作中的哪一环，必要性是什么。缺少系统思考的能力，很容易就会走偏。

如果把事业和人生比作一趟旅程。当你带着线性思维去规划时，你会只想着怎样从 A 点走到 B 点，却忽略了其中的 C 点是可以抄个近路的，又或者路途中的 D 点比原本的 B 点风景更好。可你眼中只盯着 B，根本不可能注意到 C 和 D。要知道，**人生是一场随机游戏，高手永远不会惧怕随时翻盘。墨守成规或许能带你到达原本预想的目的地，但永远不会带来超出预期的惊喜。**

另外，你一定要有这样的认知：我们生活在一个市场经济极度灵活的时代，各行各业的“黑天鹅”事件都在伺机潜伏着。如果你再遵循“不计成本、不计代价”这种看似铁血的方针战略，就是不知变通的表现了。

几乎所有的事情都是动态发展的，所以要一边走一边看。大到制订一个团队的战略计划，小到完成一个项目，都要随时观察身边的风吹草动，**一定不要脱离环境，闭门造车，陷入“越努力越不幸”的悲剧当中。**

3.“人性”是系统思维中的暗棋

系统思维里特别重要的一点，就是团队视角。

前面我讲过协作对于成事的重要性，这里我提供另外一个角度：团队作战能让我们借他人之力达成目标，但有时候，也会产生“1+1小于或等于2”的结果。为什么？因为即便是一个团队，大家的分工和利益分配也是不一样的。**而管理者需要具备的系统思维，是不仅能够看到事情的推进，也要考虑背后“人”的因素。**如果你不了解人性，不理解人与人之间的关系，以及关系背后的规律，就很容易感到迷茫：明明每一步都规划得很好，但落实下去总会遇到各种卡点或是内部矛盾。这时候你就要明白，很多卡点都是人为造成的。

所以在团队当中，时常交换信息和意见，更有助于我们形成系统思维，**时刻掌握成员之间对一件事的不同看法，这样才能够做到“劲往一处使”，让集体成果最大化。**

我一直和我的学员们强调，系统思维是提升领导力不可或缺的思维能力，它可以帮助你在复杂局面中厘清逻辑，甚至在一定程度上帮你预测未来。所以，一定要刻意练习自己的系统思维能力，你才有可能成为真正的高手。

深度

把舒适圈里的事做到极致，就能稳赢

不论你身处什么行业，如今应该都感受到了“经济下行”带来的压力。我身边的朋友，想要投入新的产品，或是转型做新的行业，我都会提醒他们三思后行，谋定而动。

你可能会问，经济环境不好，难道就是不鼓励我们创新了吗？当然不是。

查理·芒格说过一句话，**一个人在自己能力圈内工作一小时，顶得上在能力圈外的一百个小时。**

有时，我们无须给自己设定遥不可及的目标，只需要把舒适圈内的事做到能力范围内的最好，就已经超过了95%的同行。

一、热爱才能指引你找到真正的“舒适”

首先声明，我所说的舒适圈，并不是躺着什么也不做，而是一个人可以在某个特定环境中，持续做自己擅长的事情。

那擅长又是什么呢？需要你做大量心理建设来完成的事，

显然不是你擅长的事。擅长是你发自内心喜欢做，自发地愿意投入大量时间和精力的事情，这才是你的舒适圈。

很多人问我，文靖，你几乎天天直播，一播就是几个小时，线下课时间更久，你觉得累吗？诚实讲，非常累，每次下播或上完课，我的嗓子都感到要冒火，但这种累，只是身体上的累，心理上的感觉，是很爽。因为和别人分享交流我的观点、知识，是一件让我感到兴奋、幸福的事情，所以我愿意在这件事上花大量的时间，哪怕只是面对一两个听众，因为这是我擅长且热爱的事。

之前在凯文·凯利的书里读到过一句话，让我深感认同。他说：**“更好的方向是找到你想花更多时间做的工作，而不是试图减少你花在工作上的时间。”**这也验证了我最近几年的观察，那些在自己领域取得了不错成就的人，并不是因为他们的意志力有多坚定，能吃常人吃不了的苦，而是因为他们找到了“想花更多时间做的工作”。

当你找到自己热爱的赛道，你自然就会不计得失地往里砸时间、砸精力，并且还乐此不疲。要知道，绝大部分人最大的问题是最终也没有迈过决定性的“临界点”，导致前面的努力也全部清零。

当然，我也提醒大家，热爱的工作尽可能与经济趋势相匹配，一旦进入一个下行赛道，很可能让自己的热爱和努力打水漂儿。

二、重复和数量能够造就奇迹

记得高中的时候，班里的学霸和我们分享学习经验。他说，他基本上只做基础题和进阶题，把基本功夯实到牢不可破，做到不在基础题上丢分。至于难题和偏题，他不会花时间纠缠，就这样，满分 150 分的试卷，能保证拿到 130 分。而我们大多数人，会认为做课本上的基础题，纯粹是体力活，浪费时间，没有拔高的可能性，这其实就是犯了眼高手低、在舒适圈外踩雷的错误。

我的一位 IT 行业的朋友也和我分享过一个成功秘诀：开发程序的第一法则就是简单的代码确保不能出错，然后逐步迭代，越来越复杂。

当你反思自己不够好时，有时并不是因为你缺乏开拓创新精神，而仅仅是因为，基础的动作，做得不够多、不够扎实。**所有我们以为的质量不达标，大多本质是数量问题。当你觉得质量差得远时，往往是因为数量不够，差了几个数量级。**

所以不要总想着走捷径，先从积累数量开始，把自己舒适圈内的事情，做到够多够好。想把身材练好，不要一上来就撸铁，根本坚持不了一周，先从跑步、深蹲等简单的运动做起；想依托互联网变现，也别一上来就直播带货，先老老实实更新视频，把自己擅长的内容讲好，积累自己的专业度和用户心智。

长期做舒适圈内的事，看似仿佛意义不大，但只要你坚持

3 年以上，3 年后你会发现，量变已经积累成质变，你的技能和人生都迈上了新的台阶。反倒是那些逼着自己不得不去做的事，基本最后都会验证是自取其辱，不了了之。

相信重复的力量，当规模积累到一定程度，就会涌现出完全超乎你想象的东西。很多知识、财富的新模式，都是这样在不断重复中，一点点突破来的，普通人很难做到一步登天地创新创富。

三、傻子才走出舒适圈，聪明人都在扩大舒适圈

我经常形容跳出舒适圈这件事，应该是像鱼从河流跳进大海，而不是从河里蹦到陆地上。

现在有一些所谓的成功学导师和狼性领导，经常会贬低自己和团队取得的成绩，以此来激励自己忘掉成绩，不要固守阵地，继续探索新路，这实在是得不偿失的做法。**因为舒适区也意味着你的专业区，盲目地抛弃只会让自己失去优势，**爱奇艺和乐视如今的现状就是很好的例子。

那怎么才能逐渐扩大自己的舒适圈呢？我有两个心得，**“微小迭代”和“15% 法则”。**

我们都知道，对于生产产品来说，从 0 到 1 是最难的。当你的产品已经成功占领一定市场份额时，不要轻易做改头换面的尝试，不时增加一点新的亮点，迭代掉旧的 buff（功能），一个产品才能从“开辟新市场”走向“引领市场”，大多数的电子产品、手机软件都是这样做的，既能规避步子一下

迈得太大的风险，也能在“微小迭代”中让产品不断走向成熟。那些真正优秀、伟大的企业的护城河，也是在这个过程中建立起来的，别人很难轻易去复刻和超越。

为了避免自己在扩展舒适圈的过程中太痛苦，你也可以尝试下“15% 法则”。比如说，之前你每天记英语单词的目标是 50 个，你想稍微突破一下，不要一下子给自己增加到 80 个、100 个，而是每天先多记 7—8 个试试，这样完成后，自己也会很开心，也更容易坚持下去。

最后我想说，高手从来都不是借助跳出舒适圈来证明自己多么才华横溢的，而是在舒适圈里日复一日地朝着极致去精进。就好比真正的武林高手，别人的招式看一遍就能学会并运用自如，并不是他们天赋异禀，而是他们的功底已经累积到了一定程度，不再需要刻意去记别人的一招一式，只需要拆解其中的关键点就可以了。

所以，**把你自己最擅长的招数练到炉火纯青，关键时刻就能做到一击必胜，惊艳所有人。**

熬住，精进，

再熬，再进！

敢于死磕自己的人，

往往走得最远。

4

第四章

所有财富的秘密，都写在人性里

纵观商业世界，

搞定人永远是

第一要义。

生意

做生意，千万别和人性对着干

几乎人人想赚钱，但为什么大部分人都赚不到呢？因为他们没有搞明白一个问题：钱从哪里来？

我曾总结过人性的六大弱点——懒、怕、贪、争、怨、愿。虽然是人的弱点，但也无一不是生意的破局点和成交的关键点。

第一，懒。

懒惰是一切心理活动和行为活动的阻碍。懒惰表现为心理上的一种厌倦情绪，它使你的思想麻木，约束你的一切行为，你变得只想做简单的事或者不想做事，只想休息和享受。

比如互联网的存在就是让大家能更“懒”地完成事情，世界为“懒”人而创造，科技因“懒”人而进步。我们做的很多智能硬件，也都是为了能够满足用户在某一具体层面的懒惰需求。

基于人类懒惰的本性，很多产品都是帮助用户将生活变得更简单，让用户用最简单的操作完成需求的功能。帮用户解决麻烦，省去麻烦，就是利用用户的惰性。

人类是一种奇怪又矫情的生物，喜欢懒惰的舒适、安逸，但又受不了懒惰带来的无聊、烦躁。为排遣无聊，人类会尝试找好玩的事物消磨时间、发展自己的兴趣或者参加各种各样的社交活动。

基于排遣无聊的需求，各种游戏产品应运而生，从早年的红白机到后来的网络游戏，再到现在的手游、页游，游戏产品凭借其消磨时间、好玩、易获得快感、易沉迷的特性，赢得无数懒人的青睐，顺便也打开了他们的钱包。

第二，怕。

怕，也就是恐惧，是一种人类与生俱来的情绪。很多时候我们为一种产品或者一种服务买单，深层次的原因就是怕。

营销套路是怎么让人多花钱的呢？它们正是利用了所有人都会有的一种情绪——焦虑，确切地说，是大多数焦虑背后隐含着的情绪——恐惧。

我们去尝试当下最新的东西，玩最新的游戏，买当季新款的服装，是因为怕自己落伍，跟不上当下的潮流；我们买很多课程学习，买很多书籍去阅读，是怕跟不上时代的财富趋势和当下商业的打法；我们给孩子报很多兴趣班、补课班，是怕孩子输在起跑线上。

这些让我们买单的理由，都是怕，是恐惧和焦虑在驱动我们的购买行为。恐惧带来压力，而压力就会让人产生做点什么的欲望，去降低或消除压力。

第三，贪。

所谓贪婪，从字面上理解是渴望而不知满足。人都是“既要、又要、还要”，从中可以引申出客户买单的两大关键词——贪小便宜和免费。

先来说说贪小便宜。麻省理工学院曾经专门做过一个实验，被实验者一旦发现某样东西打折促销，就容易丧失理智和辨别能力，蜂拥而上，买一堆短时间内压根儿用不着的东西回家，其中作祟的就是贪小便宜的心理。

现在很多电商产品上都有一个签到功能，有什么用呢？我观察了一下，签到要么可以抽奖，要么送一些币或者积分，这些币或积分可以用来兑换代金券或者其他优惠项目。这类功能虽然不能解决用户的某种刚需，但是提升了用户活跃度，每天都要上去签一下，说不定签完了随便看几眼，就忍不住“剁手”下单了。

接下来谈谈免费。关于免费，我在各种场合说得已经很多了，免费是将“贪小便宜”做得更极致。贪小便宜是让用户觉得你让他间接地赚到了；免费则是本来用户要花钱的，现在不用了，相当于用户直接就赚到了。

贪的重点，在于满足“贪”的情绪，而不是实际。让客户觉得自己赚到了，“贪”的诉求就达成了。

第四，争。

贪和争有点类似，贪是内在的心理活动，争是外在的呈现。人类是一种以自我为中心的生物，自恋自爱，追求优越感，期望他人关注自己，如果自己拥有的比别人多，就不由得产生优越感，觉得自己高人一等。

毫不夸张地说，人终其一生，都在自我证明。

商业世界中，让客户买单的最高境界是想要却得不到，让你永远心生向往。

这一点在小米对新品的营销策略上体现得淋漓尽致。雷军是心理学大师，很大程度体现在其饥饿营销上。饥饿营销的本质其实是稀缺性原理，稀缺性原理简而言之，是指人们对稀缺物品的需求和价值感知远超过那些容易获得的物品。这一原理也被巧妙地应用到了小米 SU7 的销售之中。

大家都知道小米 SU7 初期肯定产能不足，这就创造了产品的稀缺性，还在消费者之间创造了一种紧张感和急迫感。当产品放出时，消费者会竞相下订单，希望能成为最早的拥有者之一。那些下订单的人在社交媒体上晒的行为又引发了其他人抢购。

不仅如此，小米还推出了 F 码，不仅订单值得一晒，连 F 码都代表着一种特权，值得晒出来让别人忌妒。

所以大家可以看到，真正的高手，不仅能找到人性的弱点，抓住人性的弱点，用好人性的弱点，还能连续不断地击穿

多个人性的弱点，让客户心甘情愿为你买单。

第五、怨。

怨，是一个人最主要的负面情绪之一，不管是在日常生活中，还是在与人交往的关系里，怨都主宰着一个人的心绪和情绪起伏。

在商业世界中，买卖双方讲求的是纯粹的价值交换。一次失败的商业交易，一容易引起客户的不满，继而怨气丛生。消费者有了怨气，就会对品牌的口碑和价值造成致命的打击。

之前在各大品牌的直播间价格混战中，一场因为洁柔直播间运营输错价格的“翻车”事件，却神奇化危机为转机，逆转为一场“国货与国人的双向奔赴”，让狂人也忍不住拍案叫绝。纸巾品牌洁柔，可谓来了一波教科书级别的商业操作。

起因是洁柔直播间运营因设置错误，将原价 56.9 元 1 箱的纸巾设置成了 10 元 6 箱。引发众多用户抢购，最终成交订单数超过 4 万单。

在各种猜测的声浪达到高潮时，第三天下午，洁柔正式发布官方回应，称 10 元 6 箱纸订单会全部发货。同时有很多网友心疼国货不易，呼吁拍了多件商品的消费者适当退货。

事件引发关注后，有很多用户主动申请退款并且不需要补偿。因此洁柔给主动申请退款的用户发送了感谢信，通过真诚的文字感谢退款用户的善意和体谅，并给到超值奖励，还可以为退款用户及其直系亲属终身提供工作机会等。

这一波操作，让大家盛赞洁柔格局大、品牌诚意满满，称这是一场“国货与国人的双向奔赴”。

在这个事件里，洁柔重新定义了品牌和消费者之间的关系。在一系列操作之下，将舆论和消费者的心态由负面转为正面，平息了网络的争端和消费者的怨气。

当一个人哭的时候，你去安慰他，这个人只会哭得更厉害。

所以，对于怨，该如何处理？我们要做的就是超脱于这件事情之上，首先要保持自己的优势，其次要用更大的视野和格局，对这个问题进行降维打击。

第六，愿。

如何定义愿？这个字听起来有点难以实现，或者对于一个产品有着更高的要求。那么这背后就意味着客户的心理是希望得到超预期的交付。

具体要怎么理解这个“愿”字呢？其实就是除了本身的商品价值或者服务价值，我们还要给客户、给消费者提供情绪价值。

随着“发疯文学”“吗喽文学”“窝囊废文学”等各种情绪概念、情绪现象的轮番上场，正视消费者的情绪状态，洞察情感需求并提供具体的情绪解决方案，对于品牌来说，不仅是一次市场机遇的探索，更是一次与消费者建立精神认同、强化自身差异化与独特性的机会。

我们卷质量、卷价格、卷服务、卷外观、卷技术，几乎所有的价值点，都被挖过一遍，现在几乎卷无可卷。**所以，来到商业的下半场，消费品过剩的当下，品牌光环不再是唯一，让人心甘情愿买单的背后，除了产品的价格与品质，更多关乎的是情绪疗愈、价值认同以及文化滋养。**

你所提供的，不只是功能价值，还要有情绪价值。

最后，我想说，商业的底层逻辑，都关乎人性，有人的地方，必然夹杂着复杂的人性。

谈钱，就离不开人，谈人，就离不开人性。赚钱，就是放大人性弱点，然后解决需求。你做好这件事，别人会抢着来给你送钱。

与其对抗人性，自找苦吃，不如尊重人性，用更加顺应人性的方式去做生意。承认人性，尊重人性，顺应人性，你才能发掘更多的需求，找到更大的机会。

希望我们都能成为拿捏人性的高手。

人性

只要搞定人，就没有搞不定的事儿

《利他之心：善意的演化和力量》中这样定义“利他”：“在己方无利可图或者有所损失的基础上，着意为他人谋求福利的行为。”

利他的初心是助益他人。这是个不断的“给予—收获—给予”的过程。

我们常说，信任，是一个人最大的资产。

信任，是一种能力。被信任，更是一种了不起的能力。越是能被信任的人，促成合作的交易成本越低，在商业世界里，越有成功的可能。

而想要赢得信任，最好的方法其实就是利他。不在意短期利益得失，愿意被人利用，愿意吃亏，愿意提携新人，广结善缘。所谓的利己和利他，本质上是一样的。

所以，利他，是最高形式的利己，帮别人赚到，你也会赚到。

纵观商业世界，搞定人永远是第一要义。无论是创业的初心、产品的定位、成交的方式，甚至是带团队、驱动人心。总之，商业的底层逻辑都是在搞定人。

因为搞定人，就是成事的开端。

我想问大家一个问题，在你们的心里，什么是一个企业的核心竞争力?

有人说是产品，有人说是技术，这些都对，但不够充分。我认为，能把事情实打实做出结果的人，才是一个公司的核心竞争力。

我特别赞同一个观点：没有完美的个人，只有完美的团队。一个人再怎么优秀，终究有力所不能及的时候。而团队，则可以互补长短，完成很多不可能完成的任务。

在环境好的时候，我们呼唤机会。但在下行背景、竞争激烈时，我们呼唤组织。公司与公司的差距，最后体现的，是团队和团队之间的差距，是人的差距。

而团队也是由一个又一个的人构成的。只要有人，就离不开人性。如何驾驭人性？你先要懂人性，然后顺着人性做事，这样才能凝聚人心，激发人的潜力。

第一，要给团队尊重。

人性中都有被尊重的需求，因此，你要视人为人，不要把下属当成是工作的机器，要把他看成有血有肉的人，尊重他，平等地看待他。

我说句不太中听的话，很多管理者在上位之后，就有了

“官瘾”，“官味”是很大的。这类人在管理团队时，忽视下属感受，手段非常粗暴，总喜欢板着脸一本正经说教，然后在下属唯唯诺诺地附和中，获得某种征服欲。

没有人喜欢被约束，被管理，哪里有“压迫”，哪里就有“反抗”。所以，做管理，千万别把自己当爷，更别把下属当孙子，尊重对方，这才是顺应人性。

第二，要欣赏自己的团队。

有些管理者总是看下属不顺眼，总在挑下属的毛病。在他们的眼中，哪哪都是下属的缺点，总觉得下属这也不行，那也不行，根本就一无是处。

根据马斯洛需求层次理论，每个人都有被欣赏、被尊重的需求。如果你不懂得欣赏下属，看不见下属身上的优点，那他永远也不会进步。

心理学有个“罗森塔尔效应”，大意是说，当你看下属不顺眼时，往往是越看越不顺眼，越看毛病越多。等过一段时间后，他可能就真的越来越差了。相反，如果你真心地欣赏、表扬某个下属时，他可能真的就越来越出类拔萃，最后成为你所期望中的人。

所以，作为管理者，你要懂得欣赏下属，要始终要对员工保持“期待”的态度。

第三，学会激发团队。

德鲁克说，管理的本质，是激发人的善意和潜能。只有顺应人性，学会激发人性中的善意，才能带好团队。要驱动一个人，必须同时具备三个元素：动机、能力和提示。

1. 激发动机。根据人性，别人不会为你工作，他只会为自己工作。

因此，你就要去挖掘他的需求，扣动心灵扳机，将他的需求和团队的需求结合在一起，描绘共同的梦想。最低级的欲望是利益，最高级的欲望是梦想。一旦点燃了他的梦想，就会激发他的潜能。

2. 培养能力。要指哪打哪，把事情完成，如果能力不够是不行的。所以你看见他能力不够，你要拉他一把，不能让他掉队。

你真正关心他，对他负责，他就会拿出实际行动，为团队做贡献。

3. 提示行动。有动机，有能力，如果下属不能克服人性中的惰性一面，也很难有所作为。所以，你要寻找合适的锚点，提示下属行动。

这就要求你做好目标确认，即便是你认为很简单的事情，也要耐心重复告知下属，确保下属的方向是正确的。你也要做好过程管控，把握住节奏，去追下属的过程，确保他们把时间和资源用在刀刃上，将工作落实到位。

最后，总结一下：商业的一切都是围绕人和人性在运转。我们对消费者，要心怀利他的想法。想要成事，更要搞定团

队的人，借助团队帮自己拿到更大的结果。所以在商业世界，最本质、最底层的思维，就是人性思维。

识人

把人看懂，是一种高级的本领

识人，自古以来，都是难事。但是能慧眼识人，把人用好，也是一种天大的本事。

晚清名臣曾国藩的识人之术，一直为人称道，并可以总结出一个识人的口诀来：“邪正看眼鼻，真假看嘴唇。功名看气概，富贵看精神。主意看指爪，风波看脚筋。若要看条理，全在语言中。”

但曾国藩的识人之法，更多适用于我们行走江湖，如何识别我们遇到和看到的人。如果用来选贤任能，识别人才，恐怕还有些缺憾。

曾仕强说：“人最大的本事是识人，最大的成就是自明。”

在如今这个时代，识人，不单是领导者和管理者必备的素质，也是每个人应具有的本领，甚至可以说是最大本领。一个人要想成就一番事业，不会识人用人是不可能的。

单丝不成线，独木不成林。没有得力之人相助，你一个

人本领再大，也成不了气候。

韩愈曾经感叹：“世有伯乐，然后有千里马，千里马常有，而伯乐不常有。”可见，真正具有识人辨才的人并不多见。

有识人之能，跟没有的人比起来，命运真的是天差地别。

我想请大家思考一个问题。为什么在兵马、粮草、战力上都远远落后的刘邦最终能够战胜强大的项羽呢？这其中最大的差别，就在于刘邦识人用人的本领和格局。

刘邦麾下人才济济，文有张良、陈平等，武有韩信、樊哙等，还有一个管理大后方的萧何。在陈平身上最能显示刘邦的识人之能。

陈平原本是魏王咎的人，时常献计，但魏王不仅不听，反而信那些打陈平小报告的人。

陈平就跑了，转而跟随项羽。

但项羽刚愎自用，识人不明，要杀陈平，陈平便投奔刘邦。刘邦第一次跟陈平谈话，就发现其是大才，当天拜为都尉，做陪车侍卫，又兼典护军，监护诸将。

众将哗然，说：“汉王第一天见这个楚国逃兵，还不知底细，就请他和自己坐在一辆车上，还监督我们这些老将！”刘邦不为所动，更是对陈平厚待有加。这之后陈平也是死心塌地跟着刘邦打天下。

对于一个团队的领导者来说，“帝王之德，莫大于知人”，没有什么比辨识人才更重要的了；对聪明的人来说，“知者莫于知贤”，没有比发现和了解贤者更重要的了；对于主持政务的人来说，“尚贤者，政之本也”，尊重贤士是治政的根本。

欲成大事，必先识人。人是问题的根源，也是成事的根本。

所以，对于一个想要成就一番事业的人来说，最需要的本领就是识人。人才永远是最大的资本，是事业成功的决定性因素。那我们如何识别出谁是能为自己所用的顶尖人才呢？我认为有以下几点。

第一，目标导向，干劲十足。

所谓的目标导向，包含两层意思：

一是量化的目标。

这个目标可能是公司给你的，也可能是你自己给自己的。但你一定要有目标，没有目标的努力，都是假勤奋。

你的年度、季度、月度的目标是什么？你想要达成什么样的业务结果？当你有了量化的目标，就不会迷失方向。

二是极度渴望的要性。

指的是你以结果为导向的思维意识。你对结果的渴望程度，愿意为结果付出多大的努力。是一种自内而外的感知，是对自我的唤醒，对自我的驱动。

如果你很佛系，永远不以结果为导向，那你肯定是做不好事情的，是拿不到结果的。

当你的目标感很强的时候，你就知道自己真正想要的是什么，并会在行动上心无旁骛、朝它靠拢。你会主动“厚脸皮”向上管理，和自己老板沟通，争取资源；因为有要性，不达目标不罢休，所以你也会主动和客户经营关系，不惧怕吃闭门羹。

所以，带着目标导向去努力，平凡人也能做出非凡事。

第二，听表达，看思维。

比如在面试时，我不会只看履历，因为我知道每一个人都会对自己的简历进行“美化”。我会听对方是如何描述自己过去的工作，如何看到自己过去所做的事情，以及如何对自己过往的工作成果与得失进行评价，如何对自己的项目进行复盘。

如果是一个顶尖人才，你能通过他的表达听到他的系统化和结构化思考。

什么是系统化思维？

管理学大师彼得·圣吉说：“所谓系统思考就是看见整体的修炼，让我们看见相互关联而不是单一的事件，看见变化的形态，而不是转瞬即逝的一幕。”

系统化思维有三个维度：

深度思考。我们要从现象抓到事物的本质，并且能够把它体系化。

全局思考。我们怎么样从一个局部，考虑到整体。

动态思考。不能像刻舟求剑一样，只看得到静态的变化。

每个人、每个业务之间，都是动态变化的。

能够系统思考的人，可以通过现象看到本质；善于观察整体，而不是被局部影响；更能够通过现在看到未来，善于布局。并根据自己的思考，做出有层次的表达。

所以，一个人是否能如实阐述自己的工作成果和得失，是考评一个人过往工作的重要指标，也是反映一个人品行的关键。表达的方式和思考的维度，也反映了一个人思维的深度和看问题的角度。

要听他们对自己过往的工作怎么说、如何总结，是否实事求是，真听、真看、真感受、真反思。

第三，执行力，让事情落地。

有想法，会说话的人很多。但是让一件件事情落地，需要超强的落地能力和执行力。所以，执行力，也是一个人非常重要的底层能力。

很多人对现状不满足，有自己的梦想，想要赚钱，想要走到更高的位置。

但当老板提出一项工作任务时，他总是习惯性找一大堆的理由，说一大堆的困难，他就是不愿意行动。

这就让老板想给你机会都没有办法，因为不干永远不会有结果，执行力不强，也就不愿意把关键的任务交给这样的人了。

很多事情，只有行动起来，才会知道结果。越是实现无法预判的事情，越是要先干了再说。

就是很多时候，你光想，想破了头，也看不到问题。反而是你要先有行动。你只要行动，就会得到反馈。

然后根据得到的反馈进行复盘。在复盘时，你深度思考，会形成新的认知。根据你的认知，再拿出你的执行力，这样更能提高把事情做成功的概率。

所以有一句话很有道理：先行动起来，就能解决 80% 的问题。而机会只会留给能快速执行、快速落地的人。

第四，皮实，打不死的小强。

第四点虽然很朴素，但确实是我发自内心的感受。

很多人比较玻璃心，被骂一句就会哭，这个人如果很脆弱，就让人感觉毫无办法。那这个时候他很痛苦，别人也很痛苦。所以不管是合作，还是用人，都不要这种玻璃心的人。

我曾听过一个“猴子屁股理论”，一棵树爬满了猴子，往上看都是屁股，往下看都是笑脸。其实，在职场中，在事业打拼的过程里，每个人都是这样一个爬树的猴子。

当你在基层的时候，你在最底下，你向上看，全是红红的屁股，没人给你好脸色，所有人都打击你，这个时候你需要有乐观、皮实的心态。你得承受住所有的委屈，你要有足够的耐心和足够的心力，要积极，要乐观，要扎扎实实做事，不断精进自我。

出来奋斗，其实是没有退路的，没有选择的余地，只有咬着牙往前走，一步一步往上爬。所以只有心力强大、皮实的人，才能爬得上去。

当年，我刚入职上海一家知名的公司做营销，偶然在一个场合结识了一位客户，相谈甚欢，他当即就支付了5万元订金，希望我们能为他定制新产品上市的宣传推广方案。后来我再出差去四川找他，他却面露难色，表示新品的宣传计划打算搁置一段时间再聊，我察觉到他应该是锚定了比我们报价更低的合作方。

然而，我没有放弃，后来又飞过去两趟找他，但都被他的助理拒之门外。一计不成另生一计，我天天刷他的朋友圈，终于等到他有上海的行程，我换了一个手机号码打过去，“死缠烂打”，终于约到了对方吃顿饭。

饭桌上，等我们的状态都相对放开一点后，我壮着胆子问他，你是认真思考后决定和其他公司合作的吗？你有想过这里面有多大风险吗？当时的我就想，豁出去了，只有两种结果，要不就是对方感到被冒犯了拍桌子走人，要不就是引起他的兴趣听我进一步讲讲。最终的结果是，靠着锲而不舍的勇和激将对方的谋，我拿下了这一单。

所以，皮实的人，遇到挫折时会愈战愈勇，他不惧怕失败，就好像跌倒了拍拍屁股爬起来，笑一笑继续向前走。

心气，决定了一个人能走多远。

赋能

高级的生意，是实现用户对美好的追求

当下，随着经济增速放缓，消费者越发趋于理性，消费降级悄然而至。在这个背景下，情绪价值成为一个重要的考量因素，消费者更倾向于选择能够带来情感共鸣的品牌与场所。

这也表明，传统的五感营销已经无法满足市场，消费者需要的是更加多样化、个性化的消费体验，“商业新五感”概念应运而生，包括松弛感、原生感、存在感、社交感和审美感。

其实，这些归根结底，都是消费者对美好生活的追求，只不过要求更高，更趋向于精神层面。这就需要商家及时转变自己的发展方向，才能留住用户、吸引新的用户。

我用三个案例，从三个层面来说明，好的商业模式，是如何满足用户对美好生活的追求的。

一、聪明的商家，会给用户创造购买场景

抖音电商之前有一个很出圈的宣传视频——“美好生活24小时”。

“美好是凌晨 1 点的床，拥月光入眠；美好是凌晨 2 点的冰箱，让夜鲜甜……”精致又可爱的画面、舒缓的背景音乐，搭配一个个令人感到美好的生活场景，让我们看得津津有味。其实，仔细观察，每个小时的寄语中都植入了一个头部品牌的广告。

但为什么我们不排斥这样的宣传？很大程度上是因为视频把我们对美好生活的想象，嵌入了真实的 24 小时生活场景里：我们真的很希望有一张舒服的床，我们也真的需要一台给力的冰箱保鲜，这激发了用户深层次的共鸣和喜悦。

人天生生活在各种场景中：和家人一起看电视是家庭场景，看电影是娱乐场景，加班点外卖是工作场景……如果某个品牌能够构建出一个与用户产生情感共鸣的场景，就很容易让人产生“买买买”的冲动。

这也体现出消费的新变化，人们不再只是用金钱购买商品的使用价值，除了功能性外，产品本身或产品的附加值，也会在很大程度上吸引消费者。比如：认可产品宣传中的价值观，并自愿传播给别人；对产品宣传中倡导的理念表示信任，并按其指导行事；愿意尝试宣传者发起的活动、服务；等等。

正如著名品牌专家乔伊尔·德斯格里普斯所说：“只有当一个产品或者服务与消费者产生情感共鸣、燃起情感对话的火花时，这种产品或者服务才有资格成为一个品牌。”

这时，消费者不再是被动的信息接受者，而是变身参与者，甚至成为新的产品宣传者。再往深处说，消费者已经进入商品构建的场景，并自发开始建设场景，产生精神联结。

为用户创造美好，从让想象照进现实开始。

二、好的生意，带给消费者超出期待的服务

如果你不是河南人，可能没去过胖东来，但你一定听说过胖东来。据报道称，2024 年元旦期间，河南许昌总共接待了 196 万的游客，其中有 100 万人是冲着胖东来去的，胖东来也被网友们戏称 5A 景点。而当地的真 5A 级景区曹魏古城，才接待了 31.8 万游客。

胖东来的魅力到底有多大？可以说是有口皆碑。“原来不用花钱办会员，也能体会‘来了不花钱你也是贵宾’的感觉啊。”“来胖东来就算什么都不买，每一口呼吸都是赚到的。”

先不说称重之前去皮，盒子的材质是什么，会不会对健康有害，袋子重量是多少，不同大小的袋子重量差多少，胖东来都会一五一十告诉你；甚至，你告诉胖东来这个产品有问题，查实真有问题的话，还能得到奖励。这种对每一笔支出都能详细掌握的感觉，这种有错就改的听劝、真诚态度，让消费者感受到了尊重，在胖东来购物也就变成了一种愉悦的体验。

胖东来许多看似反商业的生意逻辑，实际上反而抓住了消费者的心。作为重复博弈的行业，超市尤其需要老客、回头客。所以胖东来的操作，看似非比寻常，却是真正符合零售行业运行逻辑的：让消费者满意、超级满意—获得回头客、

口碑效应—反复消费，然后赚钱。只是在这之上，胖东来更多了一层人文关怀。

过去，大家常常认为商业是利用人性的弱点、放大人性的欲望来谋取利益，而胖东来却带来了另一种可能。胖东来不仅是一个商业实体，更成为一个充满人情味、温暖和关怀的象征，这也反哺给它更多的用户信任与商业成就。

为用户创造美好，就给予对方超越期待的价值。

三、高段位的生意，卖的是理想生活方式

坐落在秦皇岛的阿那亚社区，如今被奉为北京中产的后花园。可就在十几年前，阿那亚还只是北戴河沿岸众多滞销楼盘之一。在贷款 10 个亿，却仅实现 4000 多万元销售额后，创始人马寅决定转变经营策略，从卖房子转为卖服务，他要打造一个“温暖人心的社区”。

马寅先是把项目改名为“阿那亚”，这个名字来自梵语，原意为“人间寂静处，找回本我的地方”。“回归本我，回归自然，回归有灵性的生活本身，人生可以更美”，成了阿那亚的价值观。

阿那亚的成功，还被总结为四个关键词：精致、简朴、低价、感性。

精致是中产阶级群体都追求的生活理念；简朴则是追求返璞归真，拥抱自然，这里的孤独图书馆、海边教堂就给人满满的质朴味道；低价不等同于便宜，而是做高性价比、物有所值

的产品；感性则是更高的情感需求，如果做好了也是最吸引人的特质，阿那亚带给业主的是其他楼盘、社区所没有的安全感和归属感。

如何给人带来归属感？阿那亚在运营过程中找到了创新点，即社群文化。正如马寅所讲，“大家来这里，不仅仅是看美景，更重要的是感受这里的社群文化，体验小镇居民的生活方式，彻底放松，享受与家人朋友共度的时光，体验久违的邻里之间的人情味儿，这些都是阿那亚才有的特殊价值”。

为此，阿那亚成立过几十个业主群和互助会，起初是为了了解业主的想法，解决业主提出的问题。慢慢地，微信群从处理投诉逐渐演化为业主交流平台，并分化出近 50 个兴趣群，有话剧群、跑步群、马术群、民艺群、诗社群、投资群等。业主们的积极投身，甚至带动了阿那亚的房价，它的销售单价是周边房价的三倍，而其中 95% 的销售额都来自业主的推荐，对于他们来说，这个社区不仅是开发商打造的，也是身处其中的大家共建的。

许多人也许认为，这类特殊社区与自己的日常生活并不相干，但阿那亚的选择刚好相反，把自己从传统地产商转变为服务供应商，将自身打造成一个现实中的“乌托邦”。这种新的组织形式、新的情感联结，让业主感受到自己购买的不仅是一套房子，更是一种精神文化产品。

为用户创造美好，就为其带来前所未有的极致生活体验。

红利

流量正在失效，抓住人心才能做持久生意

电商行业刚刚红火的那几年，“流量”绝对是让销售额增长的金钥匙。如果你在 2010 年前后就入驻了平台的话，肯定体验过“烧”直通车、投流对业绩带来的增幅。

可到了 2020 年前后，你有没有发现，流量已经变得贵不可攀，有时即便花了大把的钱投流，带来的商业转化性价比也越来越低了，这是为何呢？

因为从 2019 开始，中国的人口红利开始走下坡路，流量成本持续上升。同时，各行各业的产能都饱和甚至过剩了，整个市场都进入了存量博弈的时代。拼质量、拼流量，都已不足以让你在愈演愈烈的市场竞争中跑赢大多数人了。突破口在哪呢？

通过在内容行业、知识付费行业拼杀多年，我的经验是——**人口红利不复存在，我们已来到“人心红利”的时代。**

这个时代缺少的不是带货的人，而是缺能够为用户提供长

期价值的人。很多人会觉得，商业的本质是经营产品，在我看来并非如此，当前乃至将来，**商业的本质一定是经营人，而经营人的核心是成就他人，去实现用户对善和美的追求。**

所以长久的生意，拼的是你如何为用户提供价值的能力、如何经营好用户关系的能力。只有当你的商业模式中建立起与用户情感的联结、真心的交互后，你才能由此建立起自己的影响力，去辐射更多的用户，形成人气的裂变，最终吃到所谓的“人心红利”。

如何为用户提供更多价值呢？我从“满足人心”出发，提供三个维度的参考。

一、满足人心对“善”的追求

这几年，国内有一档很红的人物访谈类节目“十三邀”，他的发起人叫许知远，一位非常有腔调的文艺大叔，也是知名文化人、媒体人。你或许不知道，在“十三邀”之前，他还有一个身份，一家叫“单向空间”的独立书店的老板。

这家书店，在国内只有5—6家分店，却曾在书店界刮起过一阵不小的风，成为万千读书人心中的“书店标杆”。走进店里，会被一种深深的文化气息所吸引。

然而就是这样一家在读者心目中象征着美好的书店，在几年前的疫情期间，由于书店人流量急剧减少，差点儿连员工的工资都开不出来了。被逼到绝路的许知远不得不在公号上发起众筹活动，号召用户以“办卡充值”的形式，为书店筹措运转资金，以此渡过难关。

但令许知远没想到的奇迹发生了，短短一个月时间，这篇“江湖救急帖”在微信上被转发了十几万次，很多之前从未在书店消费过的人，也因为不想看到一家美好的书店从此消失，纷纷办了卡并转发了文章。最终，单向空间书店被“互联网上的陌生人”救活了，成功度过了危机。

书店后来不仅给众筹的读者邮寄了等值的会员卡，还同时赠送了感谢信和台历等诚意满满的礼品。至此，完成了一场商家和消费者共创的“善意实验”，不论是筹钱的人还是花钱的人，都从中得到了极大的精神和心灵层面的满足，并由此建立起更深刻的信任联结。

由此可见，**商业的本质是赢得人心，而不是赢得流量，流量只是赢得人心的附属结果。**一个企业要想走得长远，就必须学会和用户谈感情。怎么谈？这其中的关键词是至善。

人心的根本都是向善的，让用户通过你的内容、产品实现自己的善念，**实现自己对善良、健康、美丽、自信等种种“善”的追求，你就能够获得让用户长久追随的“心域流量”。**

二、“用你的产品，我能成为更好的自己”

孔子说，“己欲立而立人，己欲达而达人”。所以，**你想立业就要帮助别人立业，你想发达就要帮助别人发达。**

很多人觉得，我把产品卖给客户了，他想要的服务我也满足了，我的使命应该就达成了吧？在过去，这样的商业思维或许还能让你在市场当中存活，但若想跑赢未来，这种思维已经落伍了。

著名管理咨询师拉姆·查兰曾一针见血指出这种思想的弊端："不要只关注于销售某个具体产品及服务，而应该把关注点放在如何尽自己的一切努力帮助客户取得成功，这样才是真正为客户创造价值。"

企业应该为帮助客户实现价值而存在，坚持从客户的需求角度出发来思考问题，为客户提供超出期望的解决方案，只有这样，才能真正赢得客户的信赖，做你长期的合作伙伴。

华为就是深谙这一点，将"为用户创造价值"落实到了实处，提出了"把战壕修到离客户最近的地方"的战略计划。他们在全国大小城市建立起网状的客户服务中心，客户有任何问题，都能与身边的华为工程师进行沟通，获得帮助。并且他们还确立了一套制度，每一个客户经理，要保持每周不低于5次与客户的沟通。这使得他们的客户在心中培植出这样一种意识：**我是值得被好好对待的，通过你们的服务，让我显得更有格调，我能成为更好的自己。**

还记得之前瑞幸和茅台联手的案例吗？产品推出之前，绝大多数行业内人士都不看好，"咖啡混着白酒，是暗黑饮品吧"。没想到，新品推出的当天中午，就被各大写字楼里的"打工人"抢购一空。

此番操作，一是满足了年轻人的好奇心理、社交心理，二是给了普通大众消费奢侈品的机会。贵价茅台走下神坛，吸引了一波年轻用户心智；平价瑞幸靠着茅台狠狠给自己抬了一波身价；而对年轻客户来说，**“能消费得起茅台”“普通人也值得更好的消费体验”又是一波造势的话题点。**于是这场奇特的跨界合作，成为一场全民狂欢，引爆了全网流量。

所以在今天，刚需、低价的引流已经被能够成就客户的、满足客户“自我标签化”的消费体验所取代。

三、人人都需要陪伴、情感联结

现在“90后”“00后”群体变得越来越享受独处，不少人甚至有社恐倾向。所以年轻人不需要社交、不需要陪伴了吗？并不是。

宠物经济和潮玩手办经济的崛起就是很好的佐证。尽管年轻人变得越来越不爱和人打交道了，但他们同样需要陪伴，而且对情感联结的深度可能超过他们的父辈。

拿宠物经济来说，我们的社会正在逐渐迈入“少婚少育”时代，宠物对于不少人来说，是家人、孩子般的存在，“家长们”都力争在各个方面给自家“孩子”提供更好的物质条件和陪伴，而一旦在乎，就会拼命投入，所以很多看似“多余”的衍生产品和服务，都隐藏着巨大的利润空间。潮玩、盲盒行业也如此。

人天生是具备社群属性的动物，不论是线下还是线上产业，最大化挖掘生意的社群属性，也能有效抓住人心。

社群还具备一个极其强大的功能：沉淀用户心智，让你的流量真正有互动、有黏性，可反复利用。我见过不少老板生意规模不大、用户群体不大，但就因为建立起了自己的有效社群，让自己和客户、客户与客户间都建立了不错的情感联结，这样就算客户有一天有更实惠的购买选择，也会因为和你建立了“深度关系”，不会轻易离你而去。

最后总结一下，经营的实质就是经营人，经营人就要抓住人心。人心都追求至善、成功和深度联结，抓住其中一个，你就能开启巨大财富。

细分

精准定位人群，才能有效建立自己的堡垒

相信你一定听说过两句话："发展才是硬道理""内容为王"。在我们的制造业水平还不太高的年代，这两句话确实是很多民族企业腾飞的金线，因为在物质匮乏的前提下，在质量还不过硬的前提下，只要你的产品足够好，就不缺销路。

可在当前，我们社会的工业和商业水平都极大提高，我们已来到一个商品过剩、信息爆炸的年代。可以说，市面上不缺任何一个品类的好产品、好内容。

随之而来，商业的模式变了，从人找货，变成了货找人；**商业的定律也变了，好产品通吃的年代已经成为过去时，接下来，定位才能定江山。**想清楚你的用户是谁，在哪，有什么具体需求，才是生意成功的关键所在。

一、想抓住所有人，不如留住一小群人

很多做内容、做投放的朋友，仍陷在"通吃一切"的误区中走不出来。

做账号，觉得娱乐八卦、心灵鸡汤人人都爱看，数据一定不错，就尝试去做了，结果数据果然不错，可等到商业变现的时候，却发现带什么货都没转化。

反向来看，是做营销和投放的人，下血本砸钱去磕头部甚至超头部的主播，最终投放的钱没少花，但是销量转化很惨淡，反而不如小主播带量效果好。

想要避免犯这样的错误，就要好好思考你的用户画像是什么，从而再去倒推应该制作或者寻找什么样的垂类内容，否则，你下了半天功夫，吸引到的都是僵尸粉，或是刷到你内容的用户，对你的产品根本不感兴趣，只能竹篮打水一场空。

而且，越是大众化的产品，越要想明白自己差异化的点是什么。

就拿开火锅店来说，早在十几年前，全国小到每一个县城，都至少有一家火锅店，所以想做到全国连锁的火锅品牌，一定不可能满足所有人群的消费需求，必须要针对目标人群做差异化定位。

而在这其中，有两家品牌做到了。一家是海底捞，价格并不实惠，却能让顾客排队等上 1—2 个小时，为什么？因为海底捞的服务实在太好了，在他们家用餐，你不用动手，只动嘴就行。论服务，全国上下没有一家连锁火锅店比得过海底捞，因此吸引了大量中产阶级、白领阶层的消费者。

另外一家在全国大小城市疯狂开店的是呷哺呷哺，它的消费者群体，主要是工薪阶层，价格实惠亲民。旋转式的餐位，让一个人也能轻松找到位置；服务员就站在餐位旁，点餐、上餐、加餐都很快，因此即便你是一个人，或者是工作日只有短暂的时间想去吃顿火锅，呷哺呷哺都能满足。

所以你看，**即便是一个足够卷的市场，只要你能找到自己的山头，做到占山为王，就能吸引自己的目标用户长期追随。**

二、用户思维才是真正的王者思维

我有一个朋友，是卖有机蜂蜜的，电商起步的头两年，他在淘宝上开店，靠着产品的健康无公害，加上平台的引流机制，吸引到不少用户购买，日子过得很滋润。

后来，平台上入驻的竞争商家越来越多，而且很多价格卖得比他低，产品销量日渐下滑，他很着急，各种烧直通车、做促销活动，收效并不大。

他跑来问我，文靖你是我身边最懂销售的人，你帮我支支招，怎么能提高销量？我问他，你的购买群体是男性还是女性？消费能力如何？买你的产品主要是自己吃还是送人？他说回去调查一下。

后来经过一番摸查，他的群体以男性为主（并不是他一开始以为的以女性为主），平时消费能力偏高，看重的是他家蜂蜜的“有机健康”这一点，多数人买来是为了送老婆和长辈的。于是他根据自己的用户特点，重新调整了产品思路，把产品做成了礼盒装；又重新调整了营销思路，主打“给爱的人带去健康”的宣传点，销量渐渐有所好转。

通过这个故事，我想告诉大家的是，**过去我们强调的“产品思维”已经过时了，不了解你的购买、服务对象是谁，你把产品打磨得再好也没用。**只有具备了“用户思维”，再按需生产，才能精准打到用户的痛点上，让他们顺理成章地为你的产品买单。

大家也不要误以为，用户思维就是单纯地“替用户着想”。真正的用户思维，是站在用户的立场上，去反思自己的产品、服务所存在的问题，有没有改进的空间。从而更有针对性地去解决用户的问题。

而且，你把东西卖给用户了并不算完成了销售的闭环，用户使用的体验感也是销售产品非常重要的一环，要知道，在互联网高度发达的今天，用户的一句好评能为你连接到更多的目标客群，而用户的差评也能断送你成倍潜在的单子，所以认真对待每一位用户的评价、和用户发生实打实地互动、多聆听他们真实的反馈，才是用户思维的核心，也能帮你的产品找到更懂它的人群。

三、多给用户好处，小人群也能裂变

最近几年有个挺普遍的现象，不少城市的大商超关门了，而小区门口的小超市和小服装店依然坚挺着。

仔细分析就能发现其中端倪：同样的商品，线上往往比线下优惠力度大，足不出户就能云逛街，省时省力，还有人配

送到家，而且大商场房租贵；而家门口的小超市，虽然货品不全，但往往能够满足“应急”之需，还额外承担了代收快递、帮孩子打印作业、送货上门等“附加服务”。

家门口的小店，往往还承载着“人情服务”。人是社交的动物，不论你是“i 人”还是“e 人”，都需要有情感联结，而生活在同一片社区，小店老板和顾客，久而久之也会发展为“熟人”关系，试问谁不愿意多照顾一下身边“熟人”的生意呢？如果你是这样的小店老板，多给你的顾客抓一把菜，平日里买东西多抹个零，多夸夸客人今天的穿搭好看，**看似是让顾客占了小便宜，但你抓住的是顾客长久光顾的心。**

而且，不要小看小客群，小也代表着“精”，这也是很多直销商业模式的精髓所在。如果你接触过美业、保健行业就知道，他们的从业人员，会想尽一切办法，和顾客建立“家人般”的联结。平时你来店里消费，我一定送你额外的产品或服务；时不时就组织顾客们出去旅游，或者是举办各种各样免费的线下活动。顾客得到了好处和情感关怀，自然就会乐意充值办卡。还有的机构，会让顾客成为自己的“股东”，推行各种“老带新”的机制，给顾客返利，促使“裂变”发生。而这些能够得以实现，也是建立在能对顾客进行“点对点”的服务基础上的。

所以，人天生爱占便宜，亲近免费的东西，**找到对的用户，把利让给用户，他就有可能还你十倍惊喜。**

最后说一句，接下来的市场，一定会变得越来越细分。与其在大浪里淘沙，不如在自己的精分赛道里，把用户研究到极致，把产品打磨到极致，你就可以占山为王！

人最大的本事是识人，

最大的成就是自知。

带着目标导向去努力，

平凡人也能做出非凡事。

5

第五章

真正的社交高手，能高效利用人脉

能让你保持

成长痛感的，

即为贵人。

关系

你在职场中的朋友，只有这一类人

在职场中待过的人，都有同样的困惑：到底能不能和同事做朋友？

其实，谁也不能否认，职场中同样有真朋友存在，同事之间也有真友谊。毕竟出来工作后，我们除了与家人生活的时间，与同事相处的时间最多。平时一起上班加班，一起拼单外卖，一起团建放松，一起为项目奋斗……

如果遇到三观相合，人品不错，也玩得来的同事，并且在自己能够有能力处理好关系纠葛的情况下，当然可以和同事成为朋友。

但究竟要不要跟同事做朋友，这个事情一直是各有各的见解。

首先我们先来定义一下什么叫同事？

同事就是一个组织里，有共同目标、共同利益的一群人，有各自分工去实现这些目标。因此，不要高估了你和同事之间的关系，“人走茶凉”这句话，不是平白无故来的。

可能在低头不见抬头见的同一个职场环境里，你们还是一起谈天说地的小伙伴；但很可能你今天一离职，就秒变陌生人。

工作就是一堆人的事，所以我们必须学会沟通、学会协调、学会计划、学会合作。

在很多时候，你和同事都有共同讨厌的对象，比如老板或者另一个同事。你们私底下会批评老板的种种，骂得越狠，感觉彼此愈是亲近。这种“互相取暖”的交情，依然不表示你们就是朋友。

这种有“共同利害关系”的交情，能让你和他人成为短暂的“盟友”，但绝不是“朋友”。

所以千万别一时上头，傻傻地亮出底牌。当关系受到利益的考验，或者两方出现竞争，盟友也会变成可怕的敌人。

这就是人性，对人性不太了解的人，往往会优化和高估人与人的“交情”。所以我们在职场中，别太相信交情，要相信人性。

那这时候就有人问了，难道我们在职场中就不与人交往了吗？当然不是这样。

跟各个部门打交道，协同各部门一起推进事情、解决问题，是每个职场人的日常，就算你是一个彻彻底底的技术工种，也不可避免要跟同事产生联系。

甚至在职场中我们也可以交朋友，但我要说的是：如果非要选一个人，让我在职场中成为朋友，我觉得这个人是领导。

为什么这么说？

大家可以想想，我们来职场是干吗的？我们是来找出路、谋发展的，说得直白点，我们是来赚钱的。那么谁能决定我们的未来，谁能定义我们的劳动价值，谁能为我们带来更多资源和溢价的能力，只有你的领导。

所以，职场社交的本质，不是找到一起吐苦水的人，而是向上管理，和领导成为利益共同体。

这时候很多人，又厌烦了，觉得跟领导站在一起，就是跪舔领导、阿谀奉承、溜须拍马。尤其在一些职场“老黄牛”眼中，领导似乎喜欢提拔那些工作成绩并不显著，但会表达、会汇报的员工。

这些想法都太低级了。领导并不傻，而且在一个业务导向、结果导向的公司里，这一套更是行不通，没有真本事、硬本领，再会拍跪舔也没有用。与其花时间跪舔领导，不如去琢磨琢磨怎么搞定客户。

所以，被领导提拔的人，绝不只会溜须拍马。有这样的抱怨和吐槽，也是一种认知低下的表现。

一般来说，领导只看重两样东西：第一，有没有能力，能不能解决问题？第二，是不是足够忠诚？

能人很多，但又有能力又忠诚的人是少数，这样的人，在职场上才是领导眼中的稀缺人才。那么如何成为这样的稀缺人才呢?

首先，让领导知道你做了什么。

很多人不愿和领导沟通，觉得自己把事情做好就可以了，或者总想着领导太忙了，不想去麻烦领导，但实际上这样做是错的。

通常来说，管理的半径是十来个人，领导不是只有你一个下属，所以不要有“我的工作领导全都看得见，有必要的话他会来找我”这样的想法。

实际上，他对你的工作并不是太了解。如果你都没有见到你的领导，你就没有机会和他交流，他就不知道你的工作过程，看不到你的付出。

所以你要向上管理，让领导知道你的过程，知道你具体做了什么。

其次，让领导知道你拿到了什么。

在职场上，有没有拿到结果是衡量一个人是否优秀的标准之一。

领导通常会喜欢能力强、靠谱的下属。很多时候，你的领导不喜欢你，其实也是因为你不会向上管理。你只知道埋头干活，却没有展现你的成果，领导并不知道你究竟为团队带来了哪些重要的影响。

因此，你要懂得向上管理，从而让领导看到你的贡献。

再次，让领导知道你需要什么。

在工作中，经常出现这样一种情况。你没有完成目标，领导问你："怎么回事？"

你说："有这样、那样的问题。"

这时候，他就会无奈地问："那你怎么不早说？"

哪怕真的存在客观原因，但领导会认为你在找借口。所以，遇到问题的时候，你一定要及时求助，表达需要。

你从事管理工作，你要完成目标，一定是需要人手的，需要资源的。而领导的资源一定比下属多，所以为了实现目标，你一定要告诉领导你需要什么。这样，他才能帮助你达成你的绩效。

最后，我觉得也是最本质的一点，就是打胜仗的能力。打铁还需自身硬，如果没有打胜仗的本事，总是差一口气。所以一定要狠狠磨炼自己，当你付出全部的努力，把每一件事做好，每一件事都做出结果，慢慢地，你就会积累信任，成为领导倚重的人。

真相

戒掉“老好人”心态，成年人的世界只看价值

在生活中，你是一个“好人”，还是一个“老好人”？

别看这两个词仅一字之差，意义却大不相同。“好人”可能也会经常帮助他人，但他们会明辨是非，有原则有底线，不会为了讨好他人而去做一些“伤害”自己的事情。

但“老好人”不一样，他们通常为了不得罪他人而被迫变得处世圆滑，仅追求表面和气，会牺牲自己的利益去取悦别人。

为什么一个人会产生这样有毒的“老好人”心态，可能有两个核心原因。

第一，帮助别人可以回避冲突。

“老好人”的骨子里，是畏惧任何冲突的；跟别人争吵，产生矛盾，会让他下意识恐惧。

所以为了避免这种事情发生，“老好人”就先付出，先做那个关系里投入成本更多的人。哪怕对方不给他什么回馈，

“老好人”也会用这种方式经营关系。

第二，内心自卑，渴求认同。

“老好人”的内心是匮乏的、自卑的；他的内在价值感很低，常常觉得自己不如别人。所以在社交关系里，“老好人”总是过度付出，以此来获得别人的一句赞美和认同。

比如：在饭桌上，永远是他端茶倒水；在单位里，永远是他有求必应；在社交关系中，永远是他承担的责任更多，付出更多，却不受尊重。

当“老好人”看到别人对他投来“赞许”的目光或赞美的语言，能极大满足他的自尊心。

他们的心理动机、行动和态度，都让人感到唏嘘和心疼。可是在这么多的付出背后，他们仍然看不到人与人关系的本质。关系的本质是价值交换，用“老好人”心态为人处世，是永远得不到同等的关系的。

郭德纲有句话说得很通透：“天上下雨地上滑，自己跌倒自己爬，要让朋友拉一把，还得是酒换酒来茶换茶。”

人与人交往，百年亘古不变的铁律是：人脉关系的底色，是势均力敌的资源交换。所有的人际关系，都逃不开价值交换这个底层逻辑，人与人之间究其根本一定是各取所需。

当我们没有足够的价值时，只一味讨好，一味付出，是没有意义的。我们眼中所谓的人脉，都不过是一种假象，没有人愿意为低价值的人和事买单。

人的本性都是慕强的，向上社交才是大多数人的真正渴望。所以，“老好人”只能获得表面的点头之交，并不会让人对你高看一眼。

强者和弱者的际遇是如此不同，以至于每个人都在仰慕强者，追随强者，暗地里希望成为强者。

但强者并非都是天生，多数人都是一路升级打怪逐渐变强的，只有当我们变得更优秀、更有价值时，吸引到更优质的资源和人脉，才是水到渠成的事儿。盲目追求所谓的好人缘儿，不如沉淀自己，让自己成为别人眼中有价值的人。

一个“老好人”，该如何逆袭成一个强者呢？

直面现实，直面创伤，直面内心，获得黑色生命力。

什么是黑色生命力？

黑色生命力指的是那些经受过巨大的压力、逆境或创伤，并幸存下来的人，最终展现出来的一种力量。

人类是一种会自我美化的动物。为了让自己看起来更好、更体面，通常不愿意承认自身不足，反而会编造各种理由极力掩饰自己。

比如日常生活中，经常听到五花八门的自我美化“经验”：如果我父母有钱就好了；等我找到工作就行了；等我跟同事关系好了就行了。

某种程度上，这类“自我美化”是一种心理保护机制，帮助我们减少生活压力。但长期处于这种状态，也会让你认不清现实，不敢正视现实，反而丧失提升自己的行动力。

但一个人的觉醒，是从直面自己的脆弱和软肋开始的。当你开始觉醒，开始直面自身的脆弱、孤独、恐惧等不足，从而采取一系列行动，让自己走出困境的泥沼，破茧成蝶。这个过程，就是一个人二次成长的过程，也是成为自己的过程。

看很多名人和企业例子，也可以发现诸多类似的现象：俞敏洪曾陪人喝酒住院差点儿死掉；阿里巴巴曾一度面临倒闭；艰难时刻，马化腾想要卖掉 QQ。这其实是成为强者的底层逻辑，“每个优秀的人，都有一段至暗时光”。

第二，看透世界的底牌，认清社会的游戏规则。

电视剧《天道》中有句台词：“透视社会依次有三个层面：技术、制度和文化。小到一个人，大到一个国家一个民族，任何一种命运归根到底都是那种文化属性的产物。强势文化造就强者，弱势文化造就弱者，这是规律。”

弱势文化这类人只想等、靠、要，坐享其成，不想依靠自身奋斗，机会来了也不学习，总想破格获取，最后机关算尽，反误了性命。

主张强势文化的人，他们靠实力说话，远见卓识，敢于拼搏，懂得借势，最后人生逆袭，实现阶层跃迁。

所以不一样的认知、对社会和世界不一样的思考，也造就了人与人之间不同的人生和命运。

这个社会的真相是你越畏畏缩缩、卑躬屈膝、刻意讨好，越没有人在意你；你越是生死看淡、不服就干，越是有人欣赏你。所以世界就是巨大的丛林，物竞天择、弱肉强食，这样的强者文化，时刻在骨子里的。

所以，只有遵循强者思维行事，你才能占据人生的高地，摆脱低眉顺眼的姿态。

第三，极度专业，破壁突围，让自己具备高价值。

当我们还处于弱势的时候，身边的各类资源是匮乏的。这个阶段应该怎么办？聚焦在一个点上，做到极致。

知乎大V采铜在《精进》曾写道："对于教育背景一般、职业技能缺乏、拼爹无望、为人生前途迷茫焦虑的年轻人来说，在他们资源本就贫乏的条件下，唯一能做的，就是把自己不多的资源聚拢起来，投注到做一件事情上。专心做好一件事，哪怕这件事看上去极不起眼。"

这是一条被很多人验证过的道路。比如：前几年被广泛报道的杭州市快递小哥李庆恒；打败北大文学硕士，获得诗词大赛冠军的外卖小哥雷海为；再次进入科技行业创业的罗永浩……这些人起步资源都不是很好，甚至说很差。但他们都通过努力，在行业或甚至跨界做到头部，成为佼佼者。

陈继儒在《小窗幽记》写过一句话："是技皆可成名天下。"特别是当下这个新媒体时代，为每个普通人提供了一个展示自己的舞台。

“这个时代，根本就没有怀才不遇。这个世界上的自媒体，已经足够承载任何一种形式的才华。但关键是你必须真的具备才华。”**只要有真本事，人和钱都会追着你跑。**

交换

商场没有真心换真心，只有自利和利他

生意场上，有一种人最不受欢迎——溜须拍马、爱“打嘴炮”的人。

逢人就夸，但从不给予对方合作机会；拿到一点好处就声称要请客吃饭，却从不兑现。这种人，看似左右逢源，四处撒落“真心”，但从不会拿出真正的利益和他人分享，久而久之，人心尽失，路越走越窄。

很多人会说，现在大环境不太好，生意是真的不好做，有甜头，不赶紧自己抓住，还分享给别人，是傻吗？问这样问题的人，肯定不懂得一个道理：利他，就是最好的利己。

我之前听说过马未都的一个故事。马老是收藏圈内响当当的人物，他有一次在一位乡下老农家里，看上一件古物，便买了下来。回去后，他又经过仔细的鉴定，发现这件古物确实稀世难得，于是立刻派人去到老农家里，补上了差的钱。

单就这件事来看，马未都肯定亏大发了，但没想到，这事

儿在收藏圈内传开了，让他的口碑大大提升，之后大家有好的藏品，都会第一时间找到他合作。

所以说，利他定律和数学定律是相反的。数学定律是如果我有 100 块，我给出去 20 块，我就剩下 80 块了。但利他定律并非如此，你给出去 20 块，你又会收获 20 块甚至双倍、几倍的回报。所以说给予就是最大的收获，利他就是最大的利己。

一、舍得分利的领导，会有狼一样的团队

一个人要想走上高位，离不开他人的托举。如果你是一个领导，千万别苛待你的团队。

大家都知道，曾国藩是晚清政府除皇权外最有势力的人，在他去世之前，所有的总督都曾经做过他的部下，并且是由他提名的。

曾国藩是一个非常注重培养部下的人。一般将军的幕府有 20—30 个幕僚，而他的幕府极盛时有近 500 人。他在幕府中对待下属，就如同老师对待学生一样，一生身体力行、因材施教，培养提拔了大量人才，比如，李鸿章、左宗棠等，都是他或由他一手推荐，或悉心栽培的。

更难得的是，当曾经的部下羽翼丰满，和他发生利益冲突时，曾国藩不仅不打压，还会给予帮助。左宗棠“得罪”曾国藩后，去西北讨伐收复伊犁，途中缺乏钱粮，曾国藩并没有借机置他于死地，而是在背后给他提供资源。正是这种气度，

让他去世后依然被所有他培养出来的人才所敬重。

这就是曾国藩的“利他”。极其重视人才培养，并注重提拔人才，而他培养的这些人才，是他建立丰功伟业的基础。没有这些人献智献力、冲锋卖命，曾国藩再厉害也成不了大事。

一个愿意培养下属、关键时冲锋陷阵、扛起责任、赚钱后舍得分钱的领导，不用 PUA（一段关系中一方对另一方进行情感操纵和精神控制），也不用搞口头激励那一套，你的团队一定会拼了命地努力回报你。

二、舍得让利的老板，会有亲人一样的合作伙伴

很多人会误解，利他就是一味地迎合、讨好、付出，其实利他的真正核心，是努力成为一个有价值的人。我们需要通过自身的能力或价值去影响他人、服务他人，而不是试图用某种条件去取悦或控制他人。

我在做销售的时候，有一单生意印象特别深刻。那次的目标客户是一对夫妻，机缘巧合。我跟竞争对手同时去拜访客户。当晚的饭局上，对方人多势众，既能喝又能吹，没过多久就开始跟客户称兄道弟了。助手在一旁和我说，看来这单要告吹了。

我当时就想，没到最后一刻，乾坤未定。通过我在饭桌上的观察，这对夫妻的主要决策人是那位太太。后来趁着她去洗手间，我就等在门口，等她出来后，我单独找了个角落

跟她聊了几分钟。在这几分钟里，我和她讲，如果和我合作，在原本的合作协议之外，我会为她额外提供三点服务：为她解决员工未来一年的福利问题；提供专家团队服务；另外还解决她经销商培训的问题。最后，我从包里掏出一份早就准备好的礼物给她。

等我们回到饭桌上，一切如旧，竞争对手依然在不停给对方敬酒夹菜，而我仍不动声色，可是第二天，客户却和我们签了意向合作协议书。

所以，所有商业合作的本质都是价值交换。对方看重你的也一定是你的专业度，其次才是情绪价值。在提供专业价值的基础上，舍得让利，一定会为你争取到更长久的合作伙伴。别忘了，合作方能成为你的朋友和资源。

当然，更高级的让利是让对方觉得，你在为他好。

举个例子，如果你和合作方某次沟通的目的是说服对方，那你在沟通时，就要把你要说服的人的利益放在首位，把“谈成事”这个目标放在首位，千万别把自己放在第一位。

因为你要说服的是一个活生生的人，他有他自己的利益、诉求、情感。把他当成一个人，把他的利益放在自己的利益之上，甚至把他的利益暂时放在事情之上。或者在沟通的时候换一个思路，事情成了，他的利益为什么能够得到满足？你要跟他说清楚。

要顺着“利他”去想沟通技巧，而不是只想着，我要把话说得多漂亮，借此展示我的雄才善辩，这一点也不重要。重要的是，你要沿着“利他”原则替别人多着想，能够通过“利他”说服他来成事，不是吗？

古话有“动之以情，晓之以理”，说的都是我为你好，我先替你考虑。当然不能讲这种大道理，而是要谈论具体的问题。不能总强调原则：我都是为你好，不行的。你要具体说说，这么安排怎么为你好。

当你几次三番总把对方的利益放在第一位，并且回回让他“得逞”时，对方就会越来越信任你，你们之间就有可能建立起亲人一样牢固的合作关系。归根结底，是因为你能助他成事，你愿意把他的利益放在你的利益之上，而在商场上，信任才是真正的法宝，信任是无价的。

三、想客户所想的品牌，才能走得长远

我们社会发展到现在，物质已经极大的丰盛，所以你的产品，如果只是单纯地给用户提供使用价值，可替代性就会非常高。

当用户的精神需求越来越强烈后，你的产品背后有没有品牌故事的加持，你的品牌故事能不能触及用户的精神需求，就会变得越来越重要。

很多人可能都知道 DR 钻戒的宣传标语：“男生一生仅能定制一枚。”一辈子只为这个品牌消费一次，看似是损失了用户复购的机会，可实际上，求婚对于绝大多数人来说，本来就

是一生一次的事情，所以一句广告语，讲好了一个故事，也就成就了一个品牌。对于用户来说，买一枚钻戒，代表的是我一生的承诺，这已经远远超过了钻戒本身的价值。

站在用户的立场思考问题，用“利他”思维帮用户获得美好的体验，哪怕小到一份贴心的贺卡，都会让用户记住你，对你的品牌打上记忆烙印，让你收获被复购和传播的机会，所以最终被利到的是你自己。

不论是做生意，还是谈人情。想要长期利益，首先要放弃眼前利益。想要收获价值，首先要学会创造价值。想要赚取财富，首先要能够舍得让利。水低为海，人低为王。

就像日本经营之神稻盛和夫说的那样：“这个世界上存在着一种因果法则，抱利他之心，行利他之事，你的命运就会好转。”

圈子
你靠近什么人，就会走什么路

我听说过这样一个定律：你的层次和收入是你最常交往的五个人的平均值。仔细观察下来，真的如此。圈子对一个人来说至关重要，它会决定我们人生的走向。

一个人一生有三个关键的圈子：朋友圈、认知圈、赚钱圈，每个圈子的规则不同，给予我们的价值也不同，但只要经营好这三个圈子，人生就有可能开挂。

第一，干净、积极的朋友圈是你最好的风水。

蔡康永在有次节目中分享过自己退群的经历。有一天，他被一位明星朋友拉进了一个群聊中，群里都是演艺圈的大小明星，很多还是他的熟人，大家在群里没完没了地聊着一些琐事。他受不了没营养的话题和频繁震动的消息，就退群了。

后来，有人针对他的此番行为，说他不合群，他听后一笑了之，并表示，比起参与无聊的社交，他更想把时间花在探索自己上面，和自己交朋友，也很有趣。

大多数人在交际场中，很难有蔡康永这样“当断则断”的勇气，以为自己表面的合群，就能够换来所谓朋友间的推心置腹，其实不过是泛泛之交，徒增负担而已。

就像《乌合之众》这本书里说的，人一旦进入群体中，智商就会严重降低，为了获得认同感，很多人愿意抛弃是非，用智商去换取那份令人倍感安全的归属感。而需要你努力去换得归属感的交往，实则并没有多少价值。

我向来认为，朋友不在多而在精。生意场上，我们向往结交的是贵人和伙伴，可人总要回归到生活当中，在更长的人生道路上，有两类朋友令我甘之如饴，一类是在志向上能够提携我的朋友；还有一类是像太阳般照亮我的朋友。

曾国藩也曾说过，择友乃人生第一要义。交友他最看重的是“德”，其次是是否“有志”。“求友以匡己之不逮，此大益也”。

曾国藩初入官场时，从好友唐鉴身上习得了“静”和“定”的品质。后来在太平天国战争中，他屡战屡败、屡败屡战，可任凭风浪起，他稳坐钓鱼船，靠的就是定见和定力。朋友的感化和无形中的助力，帮他度过了至暗时刻。

还有一类值得交往的朋友，他们可能没有什么过人的品行，但你一靠近他，就会被他的善意、积极感化，整个人都充满了正能量。如果你的工作是高强度运转，时常令你感到疲惫的话，和这样的朋友在一起，就仿佛是给心灵做按摩一样舒适。

当下很多人喜欢聚在一起吐槽、释放负能量，而戾气的传播力和杀伤力远比积极情绪大得多，所以建议大家少加入这样的失意者联盟，这样只会让你变得越来越丧，多接触积极的朋友，他们会把你从负面情绪的洞口拉出来。

所以，真正的朋友都是时间淬炼出来的知己，要学会主动去筛选自己的好友圈，而不是被动地结识所有遇见的人。

第二，打开认知圈后，人生豁然开朗。

我们总说，人生不破不立，“破圈”才是硬道理。在我看来，要破的圈其实是认知圈。想要突破现有的认知圈层，让人生大跨步往上走，就必须要结识牛人。

楚汉相争，为什么出身低微的刘邦，能击败“羽之神勇，千古无二”的楚霸王？因为刘邦的认知段位比项羽高。

刘邦年轻时，崇尚墨家思想，可当儒生陆贾用儒家的理念向他劝谏时，他当即放下成见，向陆贾讨教，后来还封陆贾为太中大夫。

《王命论》评价刘邦：“从谏如顺流，趣时如响赴。”哪怕面对异己之见，他也会从中吸纳有用的观点，来助自己成事。

刘邦也曾坦言，论带兵打仗，他不如韩信；论谋略，他不如张良。他唯一的长处，是肯采纳他人建议，靠身边的一帮能人，合力取得了天下。

反观项羽，开局拿了一手好牌，却因为自大，一路都在把机会拱手让人。鸿门宴放走了刘邦，一意孤行建都彭城，给了敌人作战优势。自认为天下无人能及，犯了一叶障目的错误。难怪后来刘邦说，项羽有能人如范增，却言不听计不从，于是乎成了他一介草民的手下败将。

所以，不论起点高低，想要向上攀爬或是守住阵地，就要突破认知圈层，择善而从，望远山而力行。而真正能帮你提升认知的牛人，一定不是讨好的作态，他们总能在思想上颠覆你，让你保持成长的痛感。

想要摆脱浅薄，不故步自封，就要主动去搭建自己的认知阶梯。别被现有的圈子束缚，多参加一些专业的交流会，多听多看牛人的分享。当你的认知升维后，就能见识更广阔的天地，体会豁然开朗的人生境界。

第三，想升级赚钱圈，先修炼自己等价交换的实力。

普通人赚钱最快的方法，就是进入富人的圈子。因为富有的地方，往往也聚集着更多高质量的讯息，而信息时代，最赚钱的就是信息差。

平日多结交各行各业的朋友，跟他们交换彼此的行业动向；多参加高端商业沙龙和社群，观察那些拿到结果的人都有什么样的赚钱思维和路径。这些方式都比看书和上课更直观，信息迭代的频次也更快。

当然，想要快速赚到钱，炒股炒房是靠不住的，真正靠得住的方式是让资深人士成为你的人脉。跟随资深人士做事，学习他们的成事逻辑，你的潜力和野心也会被激发。

可对于一些人来说，向上社交总是难以破壁，怎么办？

我前面讲过，与人交往，只要找到“利他”的点，就能破局。对于资深人士来说，怎样才能利到他呢？有一个很巧妙的方式。

我们任何人，都是有知识和经验盲区的，资深人士也不例外，如果你在一些场合，有机会结识资深人士，或是加上了资深人士的微信，怎么建立真正有效的社交？不要尬吹尬捧，你可以抓住机会，向资深人士提一些真正有深度的问题，或是关注他的朋友圈和动向，如果他最近关注的事情正好在你的专业范畴内，你就可以趁机发表下自己的观察和看法，并且一定要表示，是出于自己专业的观点分享，希望能起到一点帮助。

资深人士身边最不缺的就是拍马屁的人，你的赞美对于他们来说都是过眼云烟，适时地展露自己的价值，才会被他人记住，说不定可以就此开启赚钱的新的机会。

我始终认为，你认识再多的人都没用，关键是有多少人认识你，在赚钱的时候能够想到你。而一个人的能力，是打开社交圈最好的名片。商业社会中，人与人之间的交往本质上都是等价交换，当你自身变得强大后，人脉自然会被吸引而来。

所以，强者无须社交，人脉自然来，而弱者没有圈子，因为认识谁都没用。

最后总结一下，“立身成败，在于所染”。总在低能量的圈子里待着，会变得越发封闭、狭隘、不自信；而高能量的圈子，才能助你借势借力，成就自己的人生。

情商

真正的高情商是满足自己，再成全别人

身处职场，你一定听过一句话：情商比智商更重要。

此话不假，但可惜的是，很多人误解了“高情商”，以为会来事、哄人高兴就是高情商，因此总是委屈自己，成全他人。

其实在我看来，真正的高情商应该是一种“双赢”关系，而双赢的前提是，你要先把自己当回事儿，不因过分迁就他人而折损自身利益，会为了自己的合理需求去努力。

你可能会疑惑，如果对方是我的上级，或者是我正在争取合作的客户，姿态低一点，以满足对方的要求为先，不才是职场生存之道吗？如果你有这样的想法，就要小心了，因为你大概率会成为别人 PUA 或任意拿捏的对象。

《被讨厌的勇气》这本书里有一句发人深省的话：“因为你的反对就能崩塌的关系，从一开始就没有必要缔结。”你越是表现得急切、上赶着对方，你在他人眼里就越是显得卑微。

不懂得发挥自己的价值去吸引别人，别人就会越发无底线地利用你，直到你对他来说再无用处。

所以，你不把自己当回事儿，别人就更不会把你当回事儿。这是人性使然。而利他和利己并不矛盾。人与人交往的健康状态应该是互惠互利，而不是牺牲一方的利益来成全另一方，这样的伙伴关系必定无法走得长远。

那怎样才能做一个真正高情商的人呢？

第一，让自己舒服，保持高能量。

让自己舒服的人，并非自私。我们每个人都有过这样的体会，当你精力充沛、身处能够滋养自己的环境中时，你的能量是很足的，更有动力和信心做事。

可当你处于低电量状态时，脑力和心力都供应不足，这时候就很容易被别人牵着鼻子走，做出委曲求全、让步妥协的事情。这样的结果，是让自己陷入深深的内耗和匮乏感之中，长此以往，就进入了低能量状态的恶循环。

所以，高情商的人，一定是懂得满足自己的人。一个没有委屈感、匮乏感的人，才更容易创造出共赢的局面。而高能量的人，也会释放出能量感染别人，比起刻意的讨好，更容易赢得他人的尊重。

第二，关键时拿得起，必要时放得下。

打拼事业多年，我有一个体会，拿得起是实力，而放得下是智慧。

范蠡辅佐越王勾践复国成功后，没有贪恋功名，而是弃官从商，归隐田园，与西子泛舟西湖之上，后半生过得潇洒快活。反观文种，不听劝阻，最终落得个“兔死狗烹”的悲惨结局。

民国时期最被人称道的建筑大师梁思成和林徽因伉俪情深，可有一天，林徽因非常痛苦地跟梁思成坦白道，她同时爱上了两个人，除了丈夫，还有他们共同的朋友金岳霖。梁思成听后，思索多日，跟妻子表白，依然深爱她，可若她选择了金岳霖，他愿意放手成全，这让林徽因更加感动不已，后来夫妻二人也依旧同金保持着好友关系。

很多人在人际交往中，都在犯类似文中的错误。当一段关系已经不再良性，你越是讨好、挽留，越会惹得对方心里不快。拿得起，代表在意，而放得下，是成全自己。给彼此都留一份体面，才是高情商的做法。

第三，总是倾听，偶尔建议。

罗翔老师说过一句话，世上最愚蠢的行为就是不停地跟别人讲道理，就算你是对的，也不必要证明别人就是错的。

与人交往，我们很容易发生分歧，若你占着自己有理，句句反驳、争辩，到头来可能压倒了别人，取得了暂时性的胜利，却也会因此败光人缘儿。

要知道，让人舒服的人，也会赢得他人的尊重，有好处别人就会想着你，因为和你共事能获得情绪价值。而一个总是让别人难堪的人，别人也一定不会让你太好受。

一个高情商的沟通者，不应该是谈话的否定者和破坏者，也不应该是一味谄媚示好的人，而应该是好的肯定者和建设者。

一场好的商业谈判，绝对不是靠输出让自己嗨，而是让对方感觉爽。除了多倾听，让对方感受尊重，也要适时地引导对方多谈论自己，多给对方抛问题。这样当对方感到你投递过去的感兴趣信号后，就会对你生出好感。

交谈过程中，也要尽可能让对方产生共同体思维，多用“我们”“咱们”代替“我”和“你”。就算对方和你立场不同，持不同观点，也要记得先肯定和赞美，因为人性深处，都渴望被看到，被欣赏。你为别人喝彩，掌声有一天也会回到你身上。

第四，真诚和实力让你走得更远。

新东方的创始人俞敏洪曾经对“高情商”做过解读，他说，一个人如果八面玲珑、能说会道，特别会来事，这个人根本不是情商高。真正的高情商，是这个人走到人面前，被人无限地信任。而他自己，就是很好的例证。

新东方被迫关停线上线下所有的教学业务时，俞敏洪依旧顶着巨大的压力，把学费退还给家长们，给老师们支付了遣散费，并且把所有的课桌椅都捐给了希望小学。正是这一波体面的操作，树立了他在大众心目中“仁义守信”的形象，让大家顺理成章地愿意为他后面的商业行为买单，也才造就了东方甄选和新东方的再次腾飞。

要知道，在一切的假意逢迎面前，真诚和实力才是永远的大杀器。很多时候，不是因为别人傻，只是不愿意拆穿罢了。只有当你带着足够的真诚去和这个世界交锋，它才会回弹给你真正有价值的人和事。

请一定记得，讨人喜欢只是情商的基础，高情商的目标永远是协同共事、分享成果。所以哪怕别人再喜欢你，你一件事都办不成，那“情商高”就只是虚名而已。情商在真正的实力面前总是弱不禁风，换句话说，有实力的人，情商高就是锦上添花。当你从受欢迎变得被需要后，情商就更多地变成了一种能够向下兼容的谦逊。

最后我想说，弱者易怒如虎，强者平静如水。从今天起，训练自己养成这样的思维习惯，允许一切发生，遇事首先保持冷静。别被情绪控制心智，专注问题本身和解决方案。渐渐地，你就会跳出情绪看问题，避免很多人际上的摩擦和争端，成为高情商的强者。

协作

看懂协作的 3 个真相，让盈利杠杆翻倍

我听过不少老板朋友私下里抱怨：团队太难带了！“90 后”“00 后”太难管理了！还有一些做个人 IP、自媒体的朋友甚至考虑解散团队，节约管理和人力成本，但在我看来，哪怕你是小微企业，或者是做个体经济的，都不应该忽视“协作”的能量。

在创业过程中，赚小钱靠个人，赚大钱靠团队。一个人单打独斗，没有资源、渠道、专场，成功的概率微乎其微。

诺贝尔医学奖得主爱德华·莫泽说过，即便是天才，也需要团队的协作，天赋不仅仅是发生在个人身上的东西。我们需要吸纳批判性的意见，只有这样，我们在个人成就上才可以走得更远，因为多个人的大脑总比一个人的大脑思考得更全面。

其实，科学领域如此，商业和其他领域也同样如此。协作本身让我们受益无穷，只要看清 3 个协作的真相，就能让团

队价值无限放大。

一、人永远只会为自己打工

很多了解三国时期历史的人可能会觉得纳闷，曹操为何留不住关羽？

曹操对关羽可谓做到了真正的礼贤下士、关怀备至，上马一锭金，下马一锭银，财权统统给到位，可即便如此，关羽仍选择离开，回归刘备的阵营。

刘备为何能留住关羽？起初刘关张三人桃园结义，曾立下共同的使命：要上报天下，下安黎庶，共同举事，匡扶汉室。这样的愿景，哪个英雄不心动？

曹操给关羽开出的条件很不错，但对关羽来说，自己仍旧是个替人卖命的“打工人”，可刘备的高明之处，是在创业初期，就给自己的兄弟小团伙，定下了三个人都深深认同的目标。

协作的最高境界，是团队里的每个人都在替自己卖命、为自己的目标而奋斗。当你的团队成员把你的事业当作他们的事业，你的团队就会成为战无不胜的铁军，既能齐心协力抵挡外部竞争，也能够防御人性的阴暗面，任何利益和诱惑都击不垮。

所以聪明的老板和领导，都会激发团队成员的自驱力。主动做事、为自己做事，才是协作最好的发动机。

二、责任和收获感匹配，才能通力合作

很多人可能都知道，目前在国内把零售业做到极致的是一

家河南的超市——胖东来。

它的老板于总曾经说，胖东来没有企业文化，只有家文化。他把他的员工，像家人一般凝聚在一起。试问，为自己的家出力，谁会不愿意呢？那在管理协作方面，胖东来用了两个狠招儿。

一是放权。工作中不允许替下属做决定，只能提出建议，辅助下属，让下属自己选择并决定工作中解决问题的方法。而作为各级管理人员，只要把握好工作品质，对下属和员工百分百地尊重、信任和认可，就没有他们想不到、做不到的！领导智慧轻松，下级积极热情，团队工作有序，这就是胖东来的管理模式。

胖东来的另一大特色，是他们的激励机制。企业的净利润，95%分配给员工，使员工成为公司的股东。这在普通人看来，就是自杀式的操作，利润都分给了员工，管理层还挣什么钱？企业存续的资金又从哪里来？

可颠覆众人想象的是，胖东来在2023年的净利润竟然高达1.4亿元，相较于该公司在上一年度设定的2000万元盈利目标实现了惊人的7倍增长。这份增长其实又源自胖东来的一个“逆天”操作。他们将每天售卖商品的进价、卖出价、单件利润等数据全部公开，员工当天就能知道自己能分到多少钱。有了这样的激励，于是大家都拼了命的、上赶着多付出、多担责。

所以，作为下属，如果你在职场上遇到的是只会画大饼的领导和甩锅的同事，你就会越干越累。如果你是领导、是老板，也要时刻思考，分配任务的时候，有没有把责任和员工的回报画等号。只有责任和收获感相匹配，你的团队才有可能上下一心、通力合作，否则只会是表面和谐，实则一盘散沙。

三、在协作中有补位意识，你就能脱颖而出

上述我是从组织和管理者的角度来谈如何让协作收益最大化的。下面我再从个人能力和思维的角度来说说，如何成为协作中的“核心人物”，从而突破原有的圈层。

如果你是基层工作者或是中层管理者，应该都有这样的体会：不论是在决策层面还是跟进目标的过程中，总有人会犯错误或疏忽掉某些环节，这时候如果你看到了问题，却选择视而不见，表面看来是给自己省掉了沟通成本和担责的风险，可从长期来看，一个项目的结果需要所有参与者来背负。一时的鸵鸟心态，带来的是团队的全盘皆输。

还有一种情况是，面对复杂问题，在协同其他人共同制定方案、解决问题之前，你能否先提升自己单兵作战的能力？比如，你是负责售后的，当用户反馈了一个问题后，你要协同销售端、产品端，甚至库房的同事共同来解决问题。在这个前提下，你要首先思考你能解决的部分是什么，先把自己职责范围内的事情做好。

要知道，在组织中，资源不是你协调出来的，而是“做”

出来的。“踢皮球”和趋利避害是人之本性，怎么克服呢？告诉对方，你已经做了哪些事，恳请对方能否把他的部分接着完成，这样你们整体上就能取得一个怎样的成果。强调共同目标，先给予再索取，才能达成有效协作。

如果你总有这样的“补位意识”，看似是多承担了一些责任，但久而久之，提升的是在团队中的领导力和威望，大家会不自觉地向你靠拢，因为你能引领大家摘得共同的果实，被赏识和提拔，都是水到渠成。

强者无须社交，

人脉自然来。

弱者没有圈子，

因为认识谁都没用。

6

第六章

顶级人生战略，成就顶级事业

只要躬身入局，

不是得到，

就是学到。

战略

有自己的人生战略，才能步步为营

在工作中，有非常典型的两种人。

第一种是，“自燃型”的人，对工作有主人公意识，对自己有要求且责任心强，不用借助外力，就能自我驱动做出成绩，就像老板一样。

另一种是“阻燃型”的人，当一天和尚撞一天钟，自视为打工人，整天摸鱼躺平，习惯了混日子。

前者看似辛苦，却能在打怪升级中不断精进，升职加薪是水到渠成的事。后者给多少钱，就做多少事，以为占了便宜，其实是在扼杀自己的未来。这个结果不难预料。

其实很多人之所以没有拿到结果，或者工作上没有自驱力，并不是因为本性懒散。而是没有在工作上找到目标，以及为之努力的必要性。有这样想法的人，就是没有开窍。

要知道，努力工作，并不是为了别人，而是为了自己，如果把经营自己的人生看作是经营一家公司，而自己就是这家公司的 CEO，工作所有的功过得失，CEO 都要一力承担、负起全部责任。如果是这样，你还会这么随随便便对待自己的人生吗？

很多时候，我们把自己放在什么位置上，就会思考什么事情，得到什么样的成长。

当我们抱着打工者思维工作时，最多只能把工作“做完”，而不是“做好”。

可如果换个角度，用老板思维去做事，就不会在乎一城一池的得失，只会在乎事情有没有做好，每天有没有进步。

人生是一场修炼，工作是其中最重要的修炼方式。正如稻盛和夫所说：“如果你热爱自己的工作，你就会全身心投入。如果你全身心投入，就会产生良好的工作结果。”

有了正向反馈，人自然会更有动力，从而进入良性循环。

企业家梅纳德·韦伯的第一份工作，是在 IBM 做一名再普通不过的保安，每天管住人看住门，偶尔巡逻给别人指指路。可他总觉得不甘心这么下去，于是琢磨着能做点什么。

有次，IBM 要破解一个系统，梅纳德主动请缨，自学了编程，领导却不同意，觉得一个保安没资格报名。他没有生气，还为自己争取说：“我会做好自己的本职工作，让我试一下能有什么坏处呢？”

就这样，他获得进入系统的权限，帮公司搞定了很多疑难杂症，人们给他起了个外号，就叫“搞定先生”。很快，他就从不为人知的蓝领变成了计算机安全领域的专家，一路成为IBM 的首席运营官、雅虎公司董事长，还创立了自己的投资公司，身价翻了好多倍。

回顾他的跃迁之路，其实并无神秘可言。**哪怕身处低位，也拿自己当老板，主动解决问题，使得他在公司脱颖而出。**

说到底，我们都是在为自己的简历工作。职场机会稍纵即逝，思维的不同，决定了我们在面对问题时是往前一步，还是后退一步。名声、地位、金钱、财富可能会消失，但在工作中习得的经验、资历和智慧，永远是每个人安身立命的根本。

拿自己当老板的人，都懂得迎难而上。事情做成了，成就感满满。哪怕失败了，也是一次教训。他们在一次次历练中磨出硬功夫，成长为自己人生的 CEO。

人生就是如此，只要你躬身入局，不是得到，就是学到。

作家刘墉分享过一个故事。有位同学跟他抱怨老板抠门儿，自己每天加班加点，到手的工资却只有一点点。

刘墉听了，没有随声附和，反而出了一计：“这么坏的老板，不做也罢。但你岂能白干了这么久，总要多学一点，再跳槽，所以你要偷偷学。”

同学觉得很有道理，于是照做。自此，他就像变了个人一样，干起活来认真极了，还主动学习英文商业文书的写法。

他像海绵一样，疯狂汲取身边一切营养。就连工人修复印机时，都在旁边观摩，心想要是自己创业了，还能省点维修费。

半年过去了，刘墉问这位同学有没有跳槽，不料对方笑着说："不跳了，老板现在对我刮目相看，还涨工资了，我干得很开心。"

所以，一念转，一切变。起初，这位同学用消极的态度打量工作，滋生了受害者心理，于是下意识抵抗，在内耗中耗费了大量精力。最后，事没做好，心也很累。

可当他把"要我做"变成"我要做"时，就在解决问题的过程中，把绊脚石变成了垫脚石。

周鸿祎曾说：给别人做事，做成了能获得很多经验，做不成也不损失什么，在公司混日子是浪费自己的时间和生命。

的确，在工作中马马虎虎，得过且过，浪费的是自己的时间，伤害的是自己的口碑。

人生最痛苦的事，莫过于"我本可以"。千万别在努力生长的年纪，放任自己懒、尿、拖。

把自己当老板，做好经手的每一件事，是我们少数人能够掌握的向上生长的选择。

唯有如此，我们的人生才会像滚雪球一样，不断向前。

格局

生活长远的回报，全部来自复利

一片池塘出现了一小块浮萍，它每天增长一倍，预计 10 天就能长满整个池塘，请问，长满一半水面需要多少天？

答案是第九天。也就是说，你第九天看的时候，才覆盖池塘的一半，但只需一天时间，就覆盖全部了，听起来魔幻，但事实如此。

当你有 5000 万美金时，你只是个千万富翁，可是只要翻一番，一天之内，你就会变成亿万富翁。

所谓复利思维，其本质就是：做事情 A，会导致结果 B；而结果 B，又会反过来加强 A，不断循环往复。

正如一张纸的对折，每一次都是之前结果的翻倍。正如滚雪球一样，雪球粘上的雪越来越多，变得越来越大，而越来越大的雪球又能够粘上越来越多的雪，如此不断重复，雪球会大到不可想象。

财富的积累也是同样道理，当你有了盈余资金，即使不多，只要能产生盈余，哪怕很低的盈余，不断重复，利滚利，长时间下来，也会是一笔很大的资金。

经济学家用一个公式表达复利效应：（1+R）N。其中，“R”代表你正在做的事，“N”代表时间。

当“R”为正时，例如你每天坚持看半个小时书，也许一两天，你和别人的差别无法显现出来，但十年之后，差异是你想象不到的。又如你每天坚持跑步半小时，也许一两天，你的身体并没有变得多么强壮，都用不了十年，可能一年之后，和你同龄的人相比，身体素质的差异就非常明显了。

只要“R”为正，即你在做对自己有益处的事，时间就会为你带来奇迹。

正如著名的硅谷投资人纳瓦尔所说：“生活中所有的回报，无论是财富、人际关系，还是知识，都来自复利。”

对我们正在奔事业的人来说，人生最重要的就是 25—45 岁这 20 年。因为这一大段时间，是我们人生脑力、心力和体力的巅峰时期，也是我们搞事业谋发展的关键阶段。一个人中年以后会过怎样的生活，基本上取决于前面这 20 年的积累和沉淀。

第一，把专业打磨成撬动人生改命的杠杆。

故宫有一位古钟表修复师王师傅。一次，他接到一个非常困难的任务：修复“变魔术人钟”。这座钟有 1000 多个零件，此外还配有 7 套系统、5 套机械联动，底盘的齿轮多得像个“迷宫”。连瑞士的钟表专家看后都直摇头，觉得结构如此复杂的钟表，肯定修不好。

王师傅沉下心，运用自己行业四十年的经验，历时一年多的时间，终于修好了这座钟。为此，他也获得了“时间魔术师”的称号。

有记者问他，如何才能四十年如一日地专注于一件事？他回应道：“沉下心来，长久专注，简单的事重复做，你就是行家；重复的事用心做，你就是专家。”

世界是充满诱惑的，身处其中的人，都会被种种诱惑包围。或是被短期的赚钱项目所吸引，或是被一时的声誉所迷惑。于是，在选择的道路上心猿意马，最终导致一事无成。

越专注，所得越多；越持久，复利越多。认准一个领域持续深耕，终会赢得时间的嘉奖。三心二意的人，最终只能是捡了芝麻，丢了西瓜。

第二，用日常的习惯打造一个健康的身体。

看过这样一句话：“人生中任何一种成功，都是一种习惯的成功。”

国学大师梁漱溟先生，曾把自己的人生经验写进了文章中。

他说：“我每日必进行体育运动，必读书写作。”每天五点，他都会先在床上做些简单的活动，唤醒各项身体机能才会起床。空余时间，他要么去北海公园散步、打拳，要么沿着湖边慢跑。对于饮食，他十分节制，始终坚持一个原则：食不过量，绝不贪杯。

他十几年如一日坚持的好习惯，让他养成了一副好身体。在 90 岁高龄时，他依然还能登台演讲，声音也依旧洪亮如钟。并且他的才华也得到了施展，写下大量著作，成为一代国学大师。

很多人都有过这样的经历：明明已经很困了，却又不肯入睡，熬夜玩手机刷视频，次日艰难地起床，开始无精打采的一天，后面是日复一日的恶循环。

良好的习惯，是成长的养分。看似微不足道的习惯里，往往藏着人生的终局。

越是厉害的人，越会利用好习惯精进自己。长期的坚持，使他们的事业不断上升，人生也越来越好。有好习惯长期加持的人生，更容易获得成功。

第三，用自己秉持为人信条和做事操守，积累一个好的口碑。

《论语》中有言："人无信不立，业无信不兴。"做人做事，没有诚信，将寸步难行。

收藏家马未都有个小故事。他平日爱逛小摊儿，总能在小摊儿上淘到物美价廉的宝贝。得益于厉害的鉴宝能力，很多鉴宝节目和拍卖会会邀请他去做嘉宾。

一次鉴宝会上，负责人想推掉一件宝物。该物据说是康熙仿成化年间的瓷器，报价 4 万，负责人觉得不值得购入。但马未都很快发现，这是一件货真价实的宝贝，并非仿品。经专家团确认后，这件古物以 220 万元的价格成交。

后来有人问马未都：“这么好的捡漏儿机会你为什么放弃了？”他道：“这种情况下捡漏儿成功，别人不会知道，但这是败坏德行的事，我绝对不会做。”

依托良好的信誉，很多人都找上门来，跟他聊合作、谈生意。现在已经成为知名的收藏家，还有了自己的博物馆。

有句话说得好：“最有效的资本是我们的信誉，它 24 小时不停地为我们工作。”一个人是否有良好的信誉，决定了他可以走多远。

以真诚之心待人，更容易获得他人的信赖，事业有成指日可待；以欺诈之心待人，会日渐失去他人的信任，破产不过朝夕之间。

信誉，是一个人行走于世最宝贵的无形资产。有信誉加持的人，才能遇事有人帮，遇难有人扶，享受到诚信带来的复利。

长期专注于一件事，当你成为行业的翘楚，好运自会悄然而至；不定期花钱投资自己，让你变得更有价值，机会便会找上门来；持续坚持良好的习惯，用时间和精力提升自己，才能实现人生的飞跃。

余生很长，愿我们都能做个长期主义者，用复利思维，创造精彩的人生。

心态

成年人的顶级觉悟：人生就是一场游戏

生活中这样的现象比比皆是：在生活中总是谨小慎微，生怕得罪人；在工作上严于律己，不敢出一点差错；总是执着于一些人和事，患得患失，不断内耗。

这是因为大家把注意力都集中在“失去”上，将自己困于别人的主场内了。

纵观生活，像极了游戏中的硝烟弥漫，处处充满“输赢”之争，比分数，比工作，比收入，比房子，比车子，比另一半。那些在职场和婚姻中过得比一般人更好的人，往往被冠以“人生赢家”的桂冠。

一个人如果不懂得放松，就会因各种琐碎而陷进紧绷的状态里，束手束脚，身心俱疲。与其过多在意不可预知的结果，不如把人生看作一场游戏，尽情驰骋在尘世的输赢体验里。

毕竟我们无法重回过去，预知未来，对每个人来说，真正存在的只有当下。

第一，会玩的人，更能玩出结果。

在职场，“结果导向”是一个吃香的词。但有时候，如果工作里每一个动作都想着有个结果就行，那最后的作品一定会平庸。

而“玩”按照定义就是：不需要每一个动作都有结果，好玩比较重要。

很多时候，我们把“创造力”理解为一种天生的品格，但它其实是一个意识问题。而拥有玩家心态的人总是会想：怎么能让这件事变得有意思，所以他们才总是冒出新点子。

我曾碰到过一位健身教练，他给学员讲解动作时，特别善于用比喻。

比如：让你握紧哑铃，他会说“你要想着把哑铃捏碎”；想让你蹲更低点，就说“把自己想象成小偷，不能被人发现”。

虽然这个教练不是最帅的，但确实是最有记忆点、最特别的一个，他的私教课也一定是最有趣的。**在越来越多重复性工作被机器取代的今天，工作里的创造性意识会变得越来越重要，会玩的人，才会越来越有竞争力。**

第二，会玩的人，更能全情投入。

哈佛教授丹尼尔·吉尔伯曾做过一个测试：每天随机给手机用户发送信息，询问两个问题：“你现在在做什么？”“你现在的幸福感有多高？”

通过对 2250 名受试者的分析，他得出结论：在一天内，人们用来思考过去或者推测未来的时间竟然占到 46.9%，并且正因如此，才造成很大的内耗。

这何尝不是当下很多人的缩影呢？总是为了过去的遗憾懊恼，为了未来的事情焦虑，却独独忘记了当下。

曾经有一位名叫瓦伦达的高空钢索表演者，他的表演技艺精湛绝伦。在他的演艺生涯中，从未犯过一次失误。

有次，马戏团计划为一群显赫人士献艺，高空钢索行走自然被列为重点项目。瓦伦达觉得，如果能在这场表演中大放异彩，将为自己和马戏团带来前所未有的声誉，于是他抱着必胜的决心为表演做精心准备。

然而，在那天的表演中，瓦伦达的表现出乎所有人的意料。他失去了往日的从容与稳健，甚至在执行一些平常轻松完成的动作时也显得力不从心。最终，他从高空钢索上失足坠落，不幸身亡。

事后，瓦伦达的妻子在接受采访时说，丈夫太渴望出色地完成这次表演，反而没法专心，过度求胜，于是引发了悲剧的发生。

人这一生，太看重结果，就会陷入无尽的担忧，反而容易事与愿违。只有保持平常心，才能稳稳走过人生的钢索。

那么平常心从何而来？就是从能把人生当游戏、看透输赢和得失的玩家心态上来，这样发才能放下得失心，全神贯注面对当下。

第三，会玩的人，才能赢在未来。

只要玩过游戏的人都知道，这一把打输了，我可以再开一局。生活中太多人，30 岁就整天担心被后浪赶超，40 岁又开始焦虑被时代淘汰。

为了赢，人们铆足了劲、削尖了脑袋，甚至不惜牺牲自己。可所有人游戏的结局都一样，重要的不是输赢，而是我怎么去玩这场游戏。

50 岁的罗永浩，用他的“玩家心态”给我们开出了一剂解药。

回首罗永浩这些年，教英语、做手机、开发社交软件，最后纷纷折戟，一度背上 6 亿元巨债。后来，他直播带货，上综艺。好不容易还完债务，又乐此不疲地玩起了 AR（增强现实技术），还打算进军海外电商。

这就是懂得享受游戏过程的人，敢于折腾，失败就坦然出局，再失败就再出局。

只要这场游戏，我入局了，过程我尽兴了，结果如何，就不归我控制了。所以，对待工作，对待生活，一定要有玩家心态，这样才能尽兴而为、敢于放手一搏。

所以与其瞻前顾后，不如把人生当成一场游戏。只有自己是游戏里的“主角”。主线任务永远由自己决定，人物属性也由自己主导，面对的皆为不重要的 NPC（非玩家角色）。

玩家思维，造就心态王者，只有这样的人，才能不断穿越困难和时间，赢在未来。

放下

真正的强者，都有随时清零的能力

真正的强者，在我看来，是既要有矛，也要有盾的。

想要成事，并且持续成事，“开拓进取”和“抵御干扰”的能力缺一不可。很多人的事业和人生高开低走，或是半路夭折，缺少的不是勇气和行动力，而是缺了一份包容心和持久力。

第一，万箭穿心，我自稳若泰山。

纵观古今，那些真正名垂青史、让生命价值穿透时间的人，都有一个特点：接纳人生无常，看淡境遇起落。

古代大文豪中，苏东坡是我非常喜欢的一位，不仅是因为他的诗词总能击中心灵，更因为他的精神和人格实在太有魅力。

苏东坡为官四十载几经起落。做过二品高官，也做过边陲小吏，几次被贬蛮荒之地，但无论遭受怎样的境遇，他都能豁达面对，过得潇洒自在，并且从未放弃他的人生理想——

在艺术上精进造诣、服务一方百姓。

他刚刚被贬儋州时，当地生活条件非常艰苦，土地贫瘠缺少粮食，他只能四处搜寻野菜充饥，意外发现海边遍布着大量的生蚝，但因为当地人不会食用，所以很少有人以此为食。

但这可难不住好吃的苏东坡，后来他发现把生蚝带壳放在火上烤之后，味道异常鲜美，他便时常邀请当地的朋友、村民到家来品尝美食。他甚至不忘在给儿子的书信中幽默地写到，不要把自己烤食生蚝的事情说出去，以防其他地方的人来儋州瓜分他的美食。

除了苦中作乐，苏轼在艰苦的生活环境中也没有忘记自己的使命。尽管条件简陋，他依然开设学舍，教当地年轻人读书、做学问。儋州历史上第一个举人，就是他的学生。

人生几经飘零，他依然在给弟弟苏辙的信中写道："吾上可陪玉皇大帝，下可陪卑田院乞儿，眼见天下无一不好人。"

所以，人这一生，有登峰造极时，也有际遇无常时。或许上一秒还是春光无限好，下一秒就要面对谷底和险境。而真正有强大内心的人，都有一颗平常心。**心不受力，允许一切发生，才能遇见更多可能。**

还有的人，总是在意他人的眼光和评价。被领导批评了几句，能内耗上整整一天；别人几句不中意的建议，也会让自己陷入挣扎和纠结当中。

对此，周国平老师说过一句话："痛苦，只因为你在乎，越是在乎就越痛苦，只要不在乎，别人就伤不了你一根毫毛。”

记住，除了你自己，没有任何人有资格定义你的人生，所以你只管保持“不受力”的状态，风言风语不必理会，保持初心，大胆走自己的路就行！即便是选错了，也不要一遍遍地去回味失败的痛苦滋味，这只会消磨你的意志和能量，强者的目光永远只会盯着前方。**过去的经历要学会翻篇儿，吸取教训，但绝不跟外界的负面声音和自己内心的负面情绪纠缠。**屏蔽干扰，重新上路，才是强者应有的姿态。

第二，不论成败，保持“空杯心态”的人走得更远。

人的身体可以被看作是一个“器物”。我们每天都在接受各种各样的信息和能量，不及时清理的话，慢慢地这些东西就会在我们身体内形成淤堵，让我们变得大脑迟钝、行动缓慢。

所以，想要变得强大，就一定要有“清零”的本事，该放下的就放下。**抛开过往，把自己的杯子清空，才有可能再次注满。**

当年，演员胡歌拍完《琅琊榜》之后，身价倍增，换作其他人，肯定要趁势多接戏才是，而胡歌却选择了暂别演艺事业，出国留学。身边的人劝他，再回来，片酬就不会有这么高了，而胡歌却认为，比起片酬，暂时清空自己，开阔眼界、修炼内在，才不会让自己迷失于一时的名声，忘了进步。

而留学归来后的胡歌与导演王家卫合作，历时三年拍摄了

《繁花》，并凭借精湛的演技获得了白玉兰奖的最佳男主角。出道是偶像派，归来是实力派，胡歌用他的人生诠释了，勇于清零的人，才能迈上人生巅峰。

真正厉害的人，不会躺在功劳簿和经验簿上吃老本，**只有不断地进行自我迭代，更新自己的认知，才有可能“任凭风浪起，稳坐钓鱼船”。**

当然，清零并不意味着要把过去的一切全盘颠覆，经验和教训也是我们人生宝贵的财富，只是说，我们不要沉湎于昔日的成就，也不要被过去的阴影所困扰。保持一份居安思危的清醒和一份与时俱进的心态，才能更加有勇气、有能量面对未来的人生路。

第三，活出自我的人，都有一套强大的自我评价体系。

什么是真正的强者？在我看来，是活出自己生命独特价值的人。而这样的人，往往对自己的人生，有着明确的定位和清晰的规划，绝不会因为外界的压力和干扰，而迷失自我。

2024 年奥运会，有一位在本届赛事并未斩获任何奖牌的昔日冠军，受到了全网的关注和好评，她就是郭晶晶。

或许没有哪一位退役运动员的生活像郭晶晶这样时刻受到大众的“审视”，然而越是遭人质疑，她越是一路乘风破浪地演绎着自己“大女主”的自信人生，不论面对怎样的风言风语，她时刻保持清醒的自我评价，“我是自己人生的主角，这一点不会因任何人的揣度和人生境遇变化而发生改变”。

她与霍启刚的婚姻，最开始被外界评论为是灰姑娘遇上白马王子。

身为豪门阔太，这么多年，她却依然保持着简朴的生活理念，出席活动用两元钱的发圈扎头发，带全家人一起逛菜市场。而如此低调的她，却凭借自己的实力和格局赢得了霍家全家的尊重，公公霍震霆甚至说，“是我们全家攀附了郭晶晶”。

所以，在强者眼中，任何人生的考验与历练，都不足以撼动内心的秩序。任凭他人如何动摇你的心智，坚持自己认为对的事，时刻为自己加油打气，你的内心就能如猛虎一般，战胜任何困难，抵达自己心之所向的彼岸。

最后我想说，将军赶路，不追野兔；马行千里，不洗尘沙。修炼自己清零和翻篇儿的能力，你就能轻装上阵，剑指远方。

通透

人生开启无限可能

作家冯唐曾说过，自己成事的秘诀总结起来就是九个字：不着急，不害怕，不要脸。在我看来，“不要脸”是精髓。

这里所说的“不要脸”，其实并非字面意义上的“不要脸”，而是说，在遭遇困难或他人诋毁时，有一颗强心脏。“不要脸”的人做事不会思前想后，也不会因为在意他人评价而打退堂鼓。**“不要脸”的人往往拥有三个成事的顶级心态。**

第一，凡事不会等到“准备好了”才开始。

不论生活还是工作中，我们经常会因为“没有准备好”而放弃很多事情和机会。

接触到一个很优质的客户，可觉得自己水平能力不够，于是放弃了；朋友拉你加入一个前景不错的项目，但觉得自己还不够了解，想再观望一下，于是错过了；很向往成为马拉松跑者，但觉得自己太久没运动了，跑两公里都费劲，所以认为根本实现不了……

很多人，总在等待“万事俱备”的完美时刻，似乎只有一切准备就绪后，才敢迈出第一步。但越是渴望尽善尽美，越会因此陷入等待和拖延。而那些真正拿到了大结果的牛人，尤其是在某个领域取得开创性成绩的人，都有一个行事准则：**瞅准时机，先入局，边干边改进。**

马斯克是当今在商业领域全球最牛的人之一，而他牛就牛在，一旦关注到自己感兴趣的东西，毫不犹豫马上就去投入，然后一边做一边迭代，最终闯出一条路来。

他与航天事业结缘，最初是因为参加了一个民间组织的“火星社团”。某天他在社团活动中提出了一个想法，要去火星种菜。大家都觉得他只是开玩笑地随便说说，但没想到，他真的开始实施计划，并由此创建了 SpaceX（太空探索技术公司）。

其实当时在美国，太空零件市场已经非常成熟，关键是没有人像马斯克一样敢想敢做。于是当 NASA（美国国家航空航天局）和其他科技巨头都停滞不前时，马斯克瞅准时机，把早已成熟的技术重新整合了一下，塞进了火箭里，然后就迅速打垮了那些停滞不前的前辈。

而且他造火箭的过程也很“匪夷所思”，比如：为了节约成本，他把火箭原本很多的太空部件换成了不锈钢；靠自主研发把火箭的控制系统从 1000 万美元降到了 1 万美元；发射实验经历了 N 次失败，在成立 6 年后，终于成功发射了第一枚火箭，也从此在商业航天领域站住了脚。

后来，他又把开发火箭的经验挪用到了研发电动汽车上，成就了如今的特斯拉。而从他身上，我们能看到：**狠人都是想到了什么马上就去做的行动派。失败了大不了从头再来，但尽早开始永远好踌躇不前。**

所以，不管什么事情，先去做，做出一堆“狗屎”，再慢慢改。不一定要用最漂亮的方式解决问题，哪怕用最笨的方法，也比没解决强。

如何成为一个果敢的行动派？其实也很简单，学会改变几个思维路径：从“改天吧”变成“就今天吧”；从“我不行”变成“我先去做”。一个粗糙的开始，就是最好的开始。**胆大的人先享受世界，干就对了！**

第二，假装自信，也能登峰造极。

罗曼·罗兰说过：“先相信自己，然后别人才会相信你。”

自信的人，能打通很多壁垒，事业上升的速度更快。面对自己曾经不熟悉的领域，我们每个人都是从不自信到自信的，除了提升专业度，打破心里那道瓶颈是关键所在。

之前有次回老家参加一个婚礼，意外地发现主持人是我的初中同学。台上的她热情洋溢，大方自信，不时地制造一些新人和台下互动的小包袱，引得宾客们掌声连连。后来，有人告诉我，她已经是当地颇有名气的婚礼主持人。

这与我印象中的她简直判若两人。曾经的她，十分内向，上课不敢发言，下课也从来不会主动参与同学们之间的交谈，总是一个人安静地坐在座位上。

后来，我问她，怎么做到改变如此之大的？她告诉我她的秘诀：假装自信。一开始，她也不敢上台主持，于是就默默地观察做得出色的同行，把他们在台上的仪态、说话的速度、互动的技巧都牢牢记在心里。再上台时，她就暗示自己，你不是 ××（她的本名），你是 ××（她的模仿对象）。跳脱出自己原本的角色，让自己去效仿那些出色的同行。经过一年多的训练，奇迹发生了，她不再害怕登台，表现也越来越自如。

她和我说，现在的她，已经不需要再模仿任何人了，因为她相信自己足够好。

有时候，面具戴久了就会长在自己脸上。而假装积累到一定程度，就会变成真的。**如果你觉得自己在某些方面不够自信，也可以从“模仿”开始。观察那些自信的人，效仿他们的行事路径、表达风格。**

此外，要想快速提升自信力，也可以通过一些必要的“装扮”。外出谈生意时，如果是男生，提前打理一下自己的发型和胡须；如果是女生，化个妆，穿正式一点的鞋子，尽量背个好一点的包包，都能起到积极的心理暗示的作用。

在与人交往的过程中，也切忌神化任何人。身份、地位这些都是虚的，它们的背后也只是一个个真实的人而已。别被虚名唬住，拿出你的真诚和自信，自会打动人。

第三，一切发生皆有利于我。

最近这几年，我悟到了一个很绝的心态，整个人内心强大了不少，对生活的幸福感也更强了。在这里我也把这个心态分享给大家，那就是“凡所有事发生皆有利于我”。

自从有了这个心态，我发现眼中的世界变得不一样了。曾经，我会因为丢了一笔单子懊恼不已，而现在的我只会觉得，可能是因为我和客户没有那么合拍，即便是求着对方拿下了订单，后面的合作开展也不会很顺利，与其这样，不如去开拓新的客户；曾经，我看到我发布的视频下面的评论里有人抨击我，我就会感到有些沮丧，而现在我再看到负面的评论，首先会想是不是自己的观点有偏颇，下次能不能讲得更好？**不论成败，赞美还是批评，它们对我来说，都只是一个反馈，而不是一个评价。**

所以，世界生灭不已，每一个瞬间都在发生改变。一件事发生了，你看到它是什么样的，它就是什么样的。碰到倒霉的事情，把“这种事为什么会发生在我身上”，变成“这件事发生了，是想教会我什么”。你会发现，世界立刻就会变得不一样。

正如塞翁失马焉知非福，失败未必是祸，成功也未必是福。同样的事，弱者看到的是风险和损失，而强者看到的则是机遇和成长。**世事无常，允许痛苦，允许失败，打不倒你**

的必将使你更强大！

抱定这样的心态走下去，最终你会发现，轻舟已过万重山，一切都是最好的安排。

不论是想到了马上就行动，还是从假装自信变成真的自信，又或者是让一切发生都利于自己，归根结底，都是对人生结果的“不设限”。

人生本就没有标准答案，不设限，“不要脸”，大胆走自己的路，未来总有无限可能。

长期

当下幸福的人，才能力争长久

罗振宇说过一句话："只有长期主义者才能成为时间的朋友。"曾经，几乎所有人都对长期主义深信不疑，可当世界越发变化莫测，生意越来越不好做，工作越来越不好找时，很多人比起长期，似乎更愿意关注眼下。

长期主义真的失效了吗？在我看来，并没有。反而，未来越是不确定，越需要长期主义的心态帮我们穿越低谷，走出迷茫。

只是比起"坚定信念，永不放弃"，当下，我们对长期主义需要有一些新的理解。

第一，想要走得更远，就必须懂得休息。

想必你一定听说过这样的新闻，二三十岁的年轻人，因为工作太拼命，结果猝死在工作岗位上，本该美好的生命戛然而止。

每次看到这样的新闻，我都感觉很心痛，一方面是为仍在燃烧生命奋斗的年轻人，另一方面是为曾经拼命不懂得休息的自己。

要知道，人生是一场马拉松，一上来就冲刺过猛的人，很有可能半途而废。只有劳逸结合、懂得休息的人，才有可能在终点取得好名次。

其实，那些真正的强者、伟人，都是非常善于休息的人。

美国总统富兰克林·罗斯福曾说："人的创造力和成就的极限，在于他如何休息。"他本人为了保持饱满的精神状态，即使再忙，哪怕是在发表重要演讲前，也会在椅子闭目休息20分钟。

而下班就抱着手机一直刷，或是一到周末就在床上躺一天，并不是真正的休息，试过的人都知道，这样只会让自己越发感到没有精神，陷入没有做事动力的恶性循环。

怎样才能更好地休息？我有两点心得。**一是在工作和生活间建立明确的界限。**如果你说，我没办法在下班和休假的时候不回老板和客户的消息，那你至少每天在下班后给自己留出一小时的时间不碰手机，让大脑从高密度的信息中解放一会儿。

二是培养一项能让自己深度玩乐的爱好。不论是运动还是艺术，让自己每周有一个固定沉浸的时间，在玩乐中，大脑能获得多巴胺，同时也能培养自己专注的能力。

所以，懂得利用休息时间让自己蓄力的人，才是更有能量的长期主义者。

第二，不要以牺牲幸福感为代价去换取过高的目标。

我们人毕竟不是机器，要想长期获益，必须要学会匀速使力。

很多人总是执迷于把目标定得高高的，美其名曰，逼自己一把。殊不知，期望值过高，会让自己感到压力过大，从而变得焦虑、表现失常。**而如果因为目标过高总是没办法达到时，久而久之会让人产生挫败感，遇到挑战首先想到的就是逃避。**

人生，用力过猛是走不远的，信心和意志力也是可以被训练的，所以不妨通过积累一个个“小胜利”来让自己不断接近最终的目标，凡事不求一上来就做到最好，今天比昨天进步一点点就是胜利。奋斗使八分力就好，剩下两分力去追求生活中的幸福和快乐。

而且，很多人会因为这几年大环境不好而变得很丧，但那些真正厉害的人，即便面临再差的营商环境，心态都是岿然不动的。**只专注于眼前得失，势必会生出得失心，而很多事情，一旦放到更长远的时间维度中去思考，也就不值得焦虑了。**

所以，懂得制定合理的目标，放平心态，边走边看边调整的人，才是更乐观的长期主义者。

第三，从“最小闭环”开始，一点点累积自己的高山。

我曾经听刘润老师讲过一个“最小闭环”的概念，颇受启发。

对于没有根基、没有背景的普通人来说，一上来就给自己设定一个宏图伟业，既要赚钱，又要增长，有点不切实际，而且也很难坚持走下去。

那什么是更适合我们草根的发展路径呢？就是先做“最小闭环”的生意：把东西卖出去，立马就能赚到钱。**从小规模的闭环做起，一点点扩大自己的事业面。**

比如，你的梦想是开创一家知名的连锁餐饮品牌，但是你起点很低，缺乏资金链，租店铺的钱对你来说暂时也有点高，怎么办？你就先从摆摊开始嘛，卖早餐、卖宵夜，这样的模式，既能保证现金流，又可持续，多干就多赚，确定性非常高。

干上一段时间，慢慢地就能在周围积累一定的客群，资金也充足了，这时候就可以盘个小店面了。等资金更充足一点，你就可以去研究一下餐饮行业的供应链、管理方式，边学边做，有问题了再不断调整，逐渐地，你就可以开分店，一点点朝着连锁餐饮的目标迈进。而这一切的起点，在于一个个实践成功了的“最小闭环”。

所有伟大的生意，都是从最小闭环开始的。实践成功了一个确定的路径，就在这个基础上不断叠加确定性，如此，流水便可不绝，慢慢汇聚成“滔滔”。

所以，不要一上来就给自己设定一座可望而不即的大山，从小的确定性开始，积累跬步，做一步一步接近胜利的长期主义者。

人生的价值不在远方，在每一个“当下”。

很多人无法坚持自己的梦想、事业，乃至过得不幸福，根源在于内耗太严重。

王阳明说过一句话：“过去事，未来事，思之何益？徒放心耳。”

总是思前想后，你的意念和心力实际上是散在外面的。我们每个人的精力都是有限的，脑海里总是盘旋着一堆事儿，会让你手上在做的每一件事质量都不高。**而只有沉下心来，全身心投入在一件事上，才有可能发挥自己最大的潜能，保持深耕，从而有所作为。**

我很喜欢作家毕淑敏，她的成就便来源于她对“当下”持续的专注。

她曾在一次节目中说起自己年轻时的过往。17 岁，她便被安排到西藏阿里地区担任医务人员。艰苦的生活条件，以及似乎永远都走不出去的冰天雪地，再加上自己的工作时常面对死亡，曾一度让她陷入绝望当中，甚至想要自杀。

后来，她深刻反思，既然现实暂时无法改变，不如专注于自己每一天的生活，把每一天的人生过好。于是，她不再思考自己的命运，每天沉浸在工作、读书和写作中。不知不觉间，竟然熬过了人生中最艰难的十多年，而她凭借着日复一日的专注，不仅在医学事业上取得了成绩，成为心理工作者，更是凭着笔下抚慰人心的文字成了知名作家。

毕老师的经历告诉我们，对待时间最明智的方式就是专注当下。只要静得下心，把握住每时每刻，命运自然也不会辜负你。

既然我们无法回到过去，也无法预测未来，那当下，便是我们所能拥有的一切。

所以，力争把每件事做好，而不是空有对未来畅想的人，才是更持久的长期主义者。

所有伟大的生意，

都是从“最小闭环”开始的。

人生的价值不在远方，

在每一个“当下”。